天意眷眷倔强的你

丁天 著

广西科学技术出版社

图书在版编目（CIP）数据

天意眷顾倔强的你/丁天著；广西科学技术出版社，2014.7

ISBN978-7-5551-0200-7

Ⅰ．①天… Ⅱ．①丁… Ⅲ．①名人—访问记—中国—现代 Ⅳ．①K820.7

中国版本图书馆CIP数据核字（2014）第114617号

TIANYI JUANGU JUEJIANG DE NI
天意眷顾倔强的你

作　　者：丁 天		策　　划：孟 辰	
责任编辑：姚越华		封面设计：视觉共振	
版式设计：谢玉恩		责任印制：陆 弟	
责任审读：张桂宜		责任校对：曾高兴 田 芳	
营销推广：芦 岩		赞助鸣谢：ZIPPO+酩悦轩尼+DEVIRIES中国	
版权代理：水木双清		封面拍摄：张亚东	

出 版 人：韦鸿学	出版发行：广西科学技术出版社
社　　址：广西南宁市东葛路66号	邮政编码：530022
电　　话：010-53202557（北京）	0771-5845660（南宁）
传　　真：010-53202554（北京）	0771-5878485（南宁）
网　　址：http://www.ygxm.com	在线阅读：http://www.ygxm.com

经　　销：全国各地新华书店	
印　　刷：北京华联印刷有限公司	邮政编码：100176
地　　址：北京经济技术开发区东环北路3号	
开　　本：880mm×1240mm 1/32	
字　　数：120千字	印　　张：8
版　　次：2014年7月第1版	印　　次：2014年7月第1次印刷
书　　号：ISBN 978-7-5551-0200-7	
定　　价：36.00元	

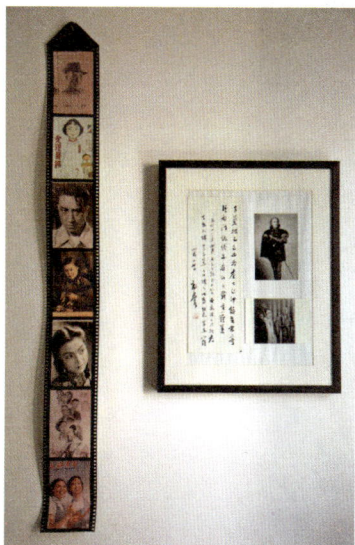

第一本书，请允许我先献给故去的亲人。

给爷爷丁然，奶奶张鸿眉。

如果倔强的天性是家族遗传，我甘之如饴。

以及谢谢曾经或依然站在我身边的你们。

我亲爱的人。

二零壹肆年伍月贰拾陆日 于京

丁天

其实无论你得到什么，都要倔强地接受，这都是天意的眷顾。

——张亚东（知名作曲／制作人）

和丁天相识是因为李宇春的封面采访。过程中，她问我说：艺人是一个需要把真我交出去的职业吗？我告诉她：在我看来，没有真或不真。生活就像是部电影，每个人都在认真扮演着自己的角色。能努力去做并且愿拿出来示人的，就是"真"。这一次她决定用她的第一本书向我们展示"倔强"。

倔强是一种要强，是对自己有要求，是非常坚持的表达——在我看来，想要这个世界上所有人说你好是不可能的，世俗的成功也不重要，其实无论你得到什么，都要倔强地接受，这都是天意的眷顾。祝福她。

如果爱是一种天意，倔强则是一种对爱的执著。

——张一白（知名导演）

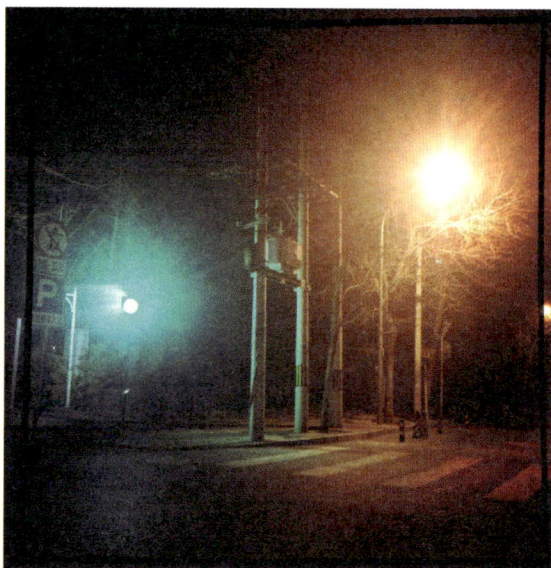

提笔之时，才发现和丁天也就见过三面。我愿称她丁小姐，一则因为她是上海女人，有着天生被人爱怜的气质；二则读她的文字（包括微博和微信），总会想到一首歌的主角、另一个等爱的小姐：董小姐。

爱与被爱，既是丁小姐南下北上、煮字熬词的动力和缘由，也是她文章中的各位名流贤达、成功人士之所以能成为他们的根本。如果爱是一种天意，而倔强则是一种对爱的执著的等待、无悔的坚持。在这一点上，她和她的主人公们实质上是同一类人种。

只是目前的丁小姐还得再等待下去。也许在你们读到这段文字的时刻，天意已经悄然眷顾了倔强的她。

兼含温暖的倔强才强得让人放心。

——陈文令（知名当代艺术家）

很多有才智的人，尤其是有才智的年轻人都很倔，但不一定很强（qiang），而在丁天倔强天性中却兼含着变通、温暖、宽容和弹性的特质，所以她和她的文字显得很强。

总之丁天天（这是我对她的昵称）确实是一个既倔又强的倔强之人，更是一个倔强得让人放心的人。

送给你和你那样倔强的人，
天意眷顾，我们终有一天都会各得其所。

——马良（知名摄影艺术家）

我真喜欢这本书的名字，像是算命时候抽到的吉签上写的话，面对前途难卜的生活，平白让人增添些许愈战愈勇的气力。回头看看自己这些年，天意有没有眷顾真不好说，倔强是肯定倔强过的，头破血流有过，姿态还是一直保持着的，因为心里知道，一开始自己就没留后路。

我曾经做过一个作品《小旗手》，下面我写了几个字："献给彼岸，以及所有勇于直面幻灭的理想主义者，所有从事艺术创作的，我亲爱的朋友们。"——丁天是我多年的知己好友，她在电话里笑言这书就是送给我这样的人的，其实这个叫"小旗手"的作品也是送给你和你那样倔强的人的。但愿天意眷顾，我们终有一天会各得其所。

倔强地飞行，不畏你我。

——编号 223（知名视觉艺术家、自由摄影师、独立杂志人）

丁天的聪慧有赖于她的文字给人直接一枪的快感，残忍又诗意，并不让人觉得只是鲜血淋漓的一次刺入，反而像是决裂般的治愈。这大概就是她本我的一面，就如我第一次见到她的时候，就感觉到她的确是在倔强地飞行，不畏你我。

倔强如幼兽

—— 写给在中国时尚媒体
黄金十年后期登场的好姑娘丁天／

李孟夏（资深媒体创意人）

时间已经是 2014 年 5 月，是我自己的生日月。我特别能够清晰地记得我 2 字头变 3 的那个生日，因为内心的恐惧，竟然生日 party 一不小心做大了，来了两三百人，在那么多有趣和善意的朋友里面，我忽然觉得，30 岁也没什么呀！那股勇气一直支撑着我莽莽撞撞地走到今天，作为一个因为内心善良而导致性格恶俗的家伙，一直都有各路英雄照顾，也没吃过啥亏，所以懂得回馈欢乐。

我喜欢我 26 岁到 30 岁的那段时光。那时候，我还是一个可以一线采访的编辑，年轻，对人有好奇心，又有无穷的精力和用不完的体力。还有，虽然我自诩是"内向男子俱乐部"创始人，可是面对采访对象却真的非常不知廉耻地主动——我记得我当年是在太平洋盈科的星巴克偶遇张亚东的，我就直接上去问，你是张亚东吗？可不可以给我留个电话，我要采访你。那个年代，每周去三里屯南街的藏酷转转，只要脸皮厚，你可以遇见非常多的时尚文化圈大咖，有阅历，有才华，有趣，他们中的很多人都成为了我生活中的好朋友。我甚至天真地想，如果可以，让我做一辈子的人物记者吧！

然后朝我砸过来的，正是中国时尚媒体的黄金十年。就像是一个魔术师在舞台上公开了一个魔术的秘密，然后观众纷纷搭台唱戏，到处上演相同的节目一样。风起云涌，同时也大浪淘沙。这是一个名利场，听得见空洞的赞美和赤裸裸的利用，偶尔还能听到咬牙切齿的声音传出。这激流之中，和我同茬儿的，要么成为主编出版人管理层，要么被新人迅速淘汰。我也不再奢望还能继续第一线去采访有趣的人物，而是在创意管理方面继续学习。

丁天姑娘正是在这火热的浪潮后期登场的。面对她的舞台此时是戏剧感最强烈的时刻——经过电影穿 PRADA 的恶魔的普及教育，全民臆测，戏中人入戏。而我认识丁天姑娘，不是在她进入媒体圈，而是拜新浪微博所赐——她那时还在读大学。我们在微博上善意地认识，好奇地了解，顽皮地试探。她的文章也都给我看。她换新工作了，她来北京了，她回上海了，她杀回北京了，她恋爱了，她分手了，她要出书了……我有时候在想，我们究竟在现实生活中有多少交织从而确认我们真的很熟很熟？生活层面的相聚，都是无比喧哗的场面，冒着泡的香槟，真心或假意的奉承，可是，分明觉得我们之间有一种熟稔，可以把很多朋友抛开十里之外的熟稔。

年轻的时候，因为惧怕孤独，我们都渴望找寻同类，依靠的是动物般的本能。对于这样的本能，慢慢地，我学会了掩饰，成了一个"常人中的赝品，潜伏着的疯子"——不明显地表达喜恶区分敌我似乎是成年人世界的安全准则。

而在我的眼里，丁天姑娘是一个浑身兽性，并且不打算掩饰的闯入者。她内心是清高的，这来自她的文艺世家血脉；她是高度敏感的，对人对事的准确判断力；她是有文字灵性的，文字质感如同文人山水，几笔勾勒尽得风流；她是危险的，因为她的倔强——危险也会来自周遭，来自那些平庸而充满嫉妒的家伙，我总担心她击碎的碎片会伤到她。但，我相信，随着时间过去，不管怎样的烈火青春，也终会回归到被岁月酿制成口感平衡的美酒。也许再过十年，你想寻找我们现在这个浮华年代的蛛丝马迹，把丁天姑娘今天的文字找来读一读，那些精彩的时代面孔，那些故事，都早已成了传说。

和丁天姑娘聊过很多，关于人，关于事，关于抽象的美，与世界的善意，可是，我好像从来没有和她聊起过一个人，那个人叫楚门·卡波特。那个上世纪五六十年代叱咤美国文学社交圈的风云人物，尽管人们念念不忘他的《冷血》以及《蒂凡尼的早餐》，以及他温暖的儿童读物《圣诞忆旧集》，可是，他晚期执意要写而没有完成的"Answered Prayers"以及 1975 年在 ESQUIRE 刊出的那些片段，那些文字才是我真正佩服的，那需要巨大的勇气。因此我总是笑着对丁天姑娘说，把好奇心再延长些，这个时代是多么精彩呀，人人有戏。如果有一天丁天姑娘写出了她的《冷血》，我一点儿也不惊奇，她在我心中，一直是一只年幼的麒麟，必成神兽。

喝大酒或者铠甲满身

—— 倔强带来的作用是让我们产生了另外一种倔强，你终会找到自己 /

丁丁张 （光线传媒电视事业部总裁、畅销书作家）

有些人你见了一面就情同兄弟，有些人你终生也无法抵达，当我意识到这一点，已经人近中年，需要试着做一件高贵的事情，包括不那么主动，适当地保护尊严，或者不再那么用力，尤其是用力来获得友情、爱情和更多的东西。

这当然不是个好状态，但人生的规律大概也是由盛而衰，当年让你沉迷的，最终被你背弃，成为你不再愿意为之努力的东西。

我和丁天的偶遇，是我在宣传期的时候正常的采访邀约，彼此大概带着一些猜测，比如我认为铜版纸杂志的女编辑大概都又蠢又高傲，她则觉得所谓男情感作家又是金牛座，必须抠门斤斤计较矫情挑剔。

事实上，我们都猜对了对方至少一半，只是后边的故事峰回路转，我觉得她没那么蠢，她觉得我也不算抠门儿，以至于后来我们在采访后吃金鼎轩的时候多少有点惺惺相惜。

所以说，人和人之间的误会，大概全是因为不愿意去解开误会，而如果我们都带着坚硬的壳继续相处，势必会撞得脸红脖子粗，她有这个体力，我有这个能力。

后来我们没有更多地见面，她离开北京的时候带着杀气，说"成大事者，至亲亦可杀"，回来时又悄无声响，安排了我第二本书最早的又一次专访，我在这一次突然理解了她，觉得会文学的女青年，大多会说些赌气的硬话，用来驱散世态炎凉、人情冷暖、薄如蝉翼的一面之缘、突然炎热的天气或者情绪，打醒喝一杯就倒的醉意，或者在玫瑰马车之外，留一些台阶可以下。

我试图揣测她更早的时候，比如曾经爱一个人如生命，被自己的长句子压得无法透气，站在T台边上冷眼看别人生动表演很喜欢彼此，或者突然在拍摄一些大牌明星的时候走神儿，抽烟也是为了凹出造型的年纪，是怎样过了自己这一关的，与各种不喜欢争斗，避免世俗，肚子饿得咕咕乱叫。

这像当年的我，也像现在的你，人生经过这些，才知道有些判断未必准确，有些坚持简直毫无意义，如果把我投身到当年我讨厌的时尚行业里的某个party上，我会非常开心，喝没喝过的酒，吃小调羹盛放的小点心，和某些对路的人眉来眼去。这有什么困难的，但当年，我真的就是做不到。

或者我们也坚持爱一个人，期待得到反馈，被他们的某些举动打散在地面上，躺在那里支离破碎地喘气，制造声响引起别人的在意。现在我会打扫一下重新开张，绝不把怨气撒在下一个顾客身上，这没什么不容易。但当年，我真的就是做不到。

原来做不到的现在做到了，原来讨厌的现在喜欢了，那句话说最终我们变成了自己讨厌的样子，可已经变成讨厌样子的我们，是挺讨厌当时讨厌现在我们的我们的。

嗯，这就是长大教给我的事，倔强带来的作用是让我们产生了另外一种倔强，上天眷顾的其实是每个人，只不过有一些人根本没有发现罢了。你可以选择喝大酒，也可以选择满身铠甲，但最终你总会找到自己，变得强大，从容，平静，世界宽阔。

我和丁天可能还是不会多见面，但我觉得，这也是好的，如同天天见面一样自然，我们只熟悉彼此的一部分，也是一种好朋友，这样真是心心相印。

大大方方犯傻犯倔
——给这个白目、神经质、倔强
又笃定的冷美人"丁天D小姐"

尹珊珊（资深电视节目策划、
专栏作家）

上课的时候跟学生讲，好莱坞的背后只有两种传奇力量：黄金与美人。中国也一样。

上次和丁天见面，她的新助理是个怯生生的女孩，我问她：为什么要进时尚杂志圈？丁天的表情介于笑与不笑之间——她刚刚从上海回北京不久，而她离开北京去上海之前的那次聚餐好像就在不久之前一样。

我至今仍然认为只有能量足够巨大、稳定的人才能胜任娱乐、时尚这圈子的剧烈变化、动荡，无论什么东西都是转瞬即逝：美人、华服、赞誉、诋毁、利益、失败，只有欲望永存，以及一轮又一轮的消费狂潮。

丁天工作的这一部分总是让很多粉丝们艳羡不已：采访明星们。说实话，任何人都对他们本来的样子知之甚少，中国的媒体人和明星之间的关系正在向好莱坞那种比较好的模式靠近，当然只是靠近当中，所以半数以上的明星采访稿都毫无生气可言——但也有少数采访者能够凭借自己的能力稍稍走近一些，既能够远观好看却空洞的人，又能够与丰富的灵魂聊天。

能把这份工作坚持这么长时间的人，例如丁天，我都会称之为强人（Jiàng 与 qiáng）。我深知这份工作的不易，素质参差不齐，命运不同，每次也许都是彼此互相撕扯的过程，你永远想不到下一个怪物会在什么时候什么位置冒出来，变动、变动、变动，工作中的灯塔究竟在哪里呢？

但另一方面，我又很笃信丁天的审美、品味和认真。丁天很喜欢章子怡，她一路旁观她多少年，然后认识，然后亲密拥抱。我一直认为喜欢章子怡与否是考察一个人的某条线索：人生在世，如同在鲍鱼之肆，你与他人争，即使天分再好努力再足够，都不可能是个一尘不染的无菌过程，如何去看待这种复杂的人性，甚至说，复杂的人"道"，足以体现一个人的宽容。事实上我身边所有和章子怡有过不远不近的交道的女生都很喜欢她，她们无一例外都是自尊自立的强者，丁天也一样。

这本书是她这些年工作采编成果的一次精选，证明了这个强人曾经如何思考过、存在过。我也对丁天对马良的采访印象很深，还有那张拍她的图片，戏中戏的感觉，那是再也回不去的初乐园。我记得丁天曾经问过我一些很可笑的问题，例如她说她并不清楚恋爱的步骤是怎么样的。她是个典型的水瓶女，你认为红灯停绿灯行这种常规她会一脸迷茫，你认为跟转20个盘子一样无助的问题她会觉得那根本不叫事儿——她是那种生活中很白目的冷美人，我不太搞得懂她出招的路数，她想回上海的时候我觉得她可能不会再回来了，结果没多久她又告诉我，她要回北京了。但是她从男刊转到女刊，我不是不为她担心，毕竟这才是漩涡中的百慕大漩涡啊！她冷冷地说，坚持初心，见招拆招。然后她又眼神放空说，但常常还是会感到深刻的疲惫。

这个"深刻的疲惫"仅属于生命力旺盛、目标明确的强人们，我在几个不同的电影中看过这个形容，"这不是一般的疲惫，是那种深深的疲惫"，实话实说，我已经不愿隔几天就承受一次这种疲惫，因为我太熟悉这种感觉。纸醉金迷的时尚光环旁边，与世界上能量最大的这群人相伴，乍暖乍寒，勤勉工作的她作为一个铁打的营盘的一部分，站在镁光灯外，到底是比我们看穿了更多，还是执迷更多？

偶尔看到微博上的"丁天D小姐"po一张自己的侧面照在网上，我就会挂念这个白目、神经质、倔强又笃定的冷美人——希望你所选择的一切终会使你更不了解这个世界，哈哈！

没有人活得容易和获得轻易，

但若你觉得人生不容易，

也许是因为天意，

也许是因为还不够倔强、坚持和努力。

目录

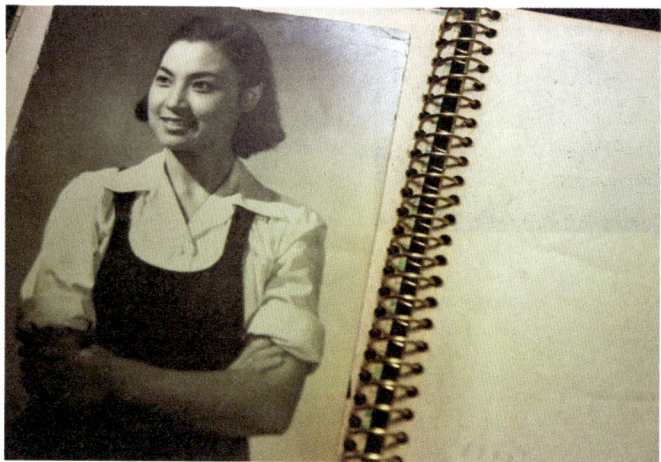

第四章
在所有人事已非的景色里
我最喜欢你——凡人英雄记

天意小姐

——天意有张不老的脸 /

自序

丁天

既然这整本书里，从序言到结尾，他们和我都在诠释"倔强"，那么这里，我想来说说"天意"。

其实我想说——被看见、被眷顾的人间情意，就是天意。

采访周迅的这一年，今年，我二十八岁——在当代中国，单身女人的这个年龄通常被认为是一个如此的分界点：嫁人无望，事业无终。专访前一天，周迅的工作室官微突然曝出她又恋爱的消息，还很冷艳地抛出新任男友的介绍链接，高调如初。我突然觉得人生很有希望：事实也许就是这样，也许未婚才能拥有一张永恒动人的面庞，弊端不过是不符合衡量一个女性的普世价值。那又怎么样呢？在专访里，周公子对我用我们这类女子特有的烟嗓喑哑柔和地说了：勇敢是一种直面。

访完周迅的第二天，我接受了一个男人的情意。第三天，我坐上飞往伦敦的班机，再一次前往专访章子怡——这已经是第四次封面合作了，但在今年还是第一次。章子怡在英国金光璀璨的古堡临时搭起来的化妆间里问我：周迅好不好？你好不好？她看着我的眼睛像雾都雨后的街道一样，又潮湿，又明亮。这一个靠谱吗？她又问。我诚实地说："我不知道。"

"那你约什么会呢？"

因为——因为他觉得我天真可爱，而且是在工作时那样一个我不得不展示"倔强"——更多会被人诟病"强势"的跟访过程里，他在我完全没有看见他、冷冷略过他的时候，居然觉得我天真可爱。这真是天意。

在我专访明星为数尔尔——绝对比大多数人想象要少的经历里，我得到的经验是——不要问他是谁。事实上，他们都是一面镜子，你自己是什么样的人，也许就看到他或她把什么特质发挥到了极致。

十八岁的时候，我喜欢《卧虎藏龙》里的玉娇龙，最爱看她在竹林一役里青丝拂面地回眸望向镜头，只觉亦正亦邪，性感非常。近十年后，因为意料之外地第一次要写章子怡的封面，在李安的《十年一觉电影梦》里我才看到如下自述："玉娇龙好比是创作里隐藏的那条龙，代表着心性的不稳定外，同时与中国人的禁忌——性欲有关。竹林的绿色，加上她跟李慕白的迷离情愫，才有了'意乱情迷'的路线设计。"原来玉娇龙，代表的是人心中隐匿的欲望。

文学、电影乃至一切文艺作品，都会妨碍你赤裸裸地体会真实的人生。这才是文艺女青年的通病——未必是真的不幸，但却是扑面而来、几乎要浇灭一切热情的巨大的失望。《一代宗师》上映的时候，我谈了一个长得极像张震的男友，可他毕竟不是他，我也已经不是那个能够狂热喜爱爱情如同喜爱玉娇龙的少女。这一次，我记得最真切的镜头无关爱情，而是宫二泰山压顶地说："我就是天意"——即便我还是在那篇封面文章中心存私念地写过这样一段话："我只想和我喜欢的人去看她和他的电影，只有他们能够让我想起在爱情一事上久别重逢的勇气……我们以相同的姿态依偎在影院里，能触摸的东西永远没有永远——永远无法预计下一个镜头，正如无法预计下一个眼前，以及身边人。"

　　我大概是没有清楚地告诉过章子怡这段往事。每次对她的采访，都像是听她说了一个——其实不是一个故事，而是同时说尽了一切——流芳百世的电影作品如此，文学作品如此，奶奶演的《小城之春》如此，爷爷导的《女理发师》如此，如此，如此，都是如此——他们线条清冽、神情倔强的脸重叠在一起，掩映在光影里，从大银幕上投射下来的那样盈盈遥远的注视，就是我的天意。

　　《唐顿庄园》里说：贵族不是培养出来的，不懂得妥协的贵族是长久不了的。手里这本我最初从没有想到的书，其实真要算起来，也陆陆续续写了三年，甚至更长。这绝对不是一本软绵绵的书——给我写序、受我专访、诚于推荐的几乎都是真相主义者，他们无一不在告诉我，倔强是一条险路——可是，可是，章小姐，周公子，以及所有对人生心怀乐观希望的人，我们都同意：大美人生险中求。就这样被看见、被激励的我，希望在路上的你们也能看清自己，在所谓清新、治愈、怀旧之外……还多上一点比一再回首更坚定向前的信心。

于我而言，如果十八岁时的纽约是用来转折人生的，那么二十八岁时的伦敦就是用来纪念爱情的。这一次出差最美妙的经历，是我和亲爱的 90 后小朋友吴羽斯坐在泰晤士河边、摩天轮下的旋转木马上，眼前掠过的景色如同电影《天使爱美丽》般繁华似锦。亲历在这样的人间奇景里，我问自己：人生，究竟应该为看上去很远的奇遇，还是看上去很美的常态而活？

区别也许只是，每个女孩儿都希望被中意的公子看见。

不过，如果上帝是个英俊高大的男子，那么我愿意天意有张清秀倔强的小姐面庞。

这是 2014 年的六一儿童节，写完这篇事实意义上的全书末章，我越发觉得天意有张不老的脸。

他们看见我，而我想看见你。

因为，我心里有过你，还有你——我祝福所有此刻读着这本书的你，一直拥有一份在人群中被看见的天意。

2014.6.1 定稿于北京家中

第一章

——她的故事／

照亮我隐藏的倔强

李宇春／初心不改，前程远大

章子怡／大美人生险中求

翟永明／一个女诗人和她的白夜江湖

李宇春
［初心不改，前程远大］

中国选秀节目从开启到如今，只有李宇春在十年间是唯一的标杆人物。

这是里程碑式的意义：争议能带来人气，但喧闹过后大家就开始明白：内心纯洁的人前途远大。

作为对抗虚无与虚伪世界的孤本英雄，人们从她身上看到在现实中极易磨损的特质——倔强、直率、真实、简单，甚至孩子气——奇迹般地没有屈服于现实的残酷，也没有势利地变得冷酷，这就是喜爱她的人寄望于她，并对她长情不衰的缘由。

"我从来不走 VIP 通道。为什么要走 VIP 通道？"作为一个从 2005 年的"超女"选秀中走出，几乎一步跃至粉丝数目庞大的巨星，也许没有人比李宇春更能知晓和体会 VIP 通道、华服豪宅、美酒珍馐并不能弥补失去自由的快乐。

李宇春不是一个初次见面就爱说爱笑的人，换言之，她很酷。专访中她有时会非常坚定地否认身为明星的自己区别于凡人。"我觉得我就是凡人的状态啊，我讲的是我自己的心态，不代表外面的人看到的我是什么样子的。"

万万没想到的是，李宇春觉得自己身上最重要的性格特质是"叛逆"，这与她当年登上美国《时代》周刊封面时被赋予的评价不谋而合。"你觉得我很温和吗？"她若有所思地看了看我，有着发自内心的好奇，又仿佛是寻求一种肯定——那是似乎觉得自己已经给他人添了太多麻烦的人才会显现的神情，事实上她善良的特质和良好的家教让她对待世界的文明程度超出常人。

在每一次开工前和收工后，她都会礼貌地起身说"辛苦了"；除非万不得已，不在化妆的时候接受采访。诸如此类的原则给李宇春的随行人员带来的烦恼和挑战一样多。去年，青岛"Why Me"演唱会结束，因为前车之鉴，特地出动的公安拦下李宇春的车沟通了半小时，为了安全希望她走 VIP 通道，但李宇春还是坚持走普通通道。"你别看她表情那么酷，其实她对歌迷很好，她是真心觉得歌迷赶来赶去不容易，她不想让他们失望。"李宇春的随行宣传告诉我，"所以最后协商的结果是我们把有序守纪的玉米带到贵宾休息室外的一块空地，李宇春出来和大家见了一面，握了手，还难得地合了影。"

喜欢李宇春，让人们看到了以倔犟、善良、真实、简单，甚至孩子气的处事方式赢得世界的可能性，尽管在残酷厮杀的现实中，往往事与愿违。她也许此生都不能自由地行动，哪怕她始终只想做一个自由歌唱的凡人。

其实所谓"叛逆"，无非是挑战这个世界的既定规则与传统。成功突围的人，将获得一个新世界。这就是喜爱她的人寄望于她，并对她长情不衰的缘由。

"我觉得艺人是一个产品" /

如果你没有真正跟过队，你不会知道看似光鲜的明星们过的是怎样一种时间表。

这一个晚上，李宇春的行程是：七点半妆发，稍微吃一点东西果腹，九点从酒店出发去演出现场，回来后才是正餐时间，而那时已近零点。

从学校毕业踏上社会，李宇春去年在剧场才第一次体会到了朝九晚五的正常生活。她因其"质朴、本真与干净"受邀在赖声川的话剧《如梦之梦》中扮演医生严小梅，在名演员会聚、历时四小时的演出中，李宇春不算主角，最重头的部分是结尾的一场哭戏，但她可能是全剧最认真的表演者之一——整个去年，她为此剧推迟了演唱会、新专辑，在北京寒冷的冬日里连续三个月，每天在798剧场进行严格的排练，下午两点报到，晚上十点以后离开。而从不迟到的李宇春更是常常把开始的时间提前两个小时，她的化妆间紧邻演员许晴的化妆间，因此经常提前到剧场看许排戏。"我当时最重要的一个出发点就是，可以学东西。"李宇春非常肯定地说。

此时，酒店的套间变成了临时的化妆间、更衣室和练歌房，她甚至在里面大大咧咧地开了开嗓，状态很是放松。但一旦出了房间，保镖都得时刻挡在她身前。大堂，等待了许久的粉丝迎上来。"春春加油！"手机闪烁成一片。李宇春习惯性地把视线投向地面。"没有办法自由地进出，会让我漏掉一些东西。"此前她曾坦白地告诉我，"比如说，出入那么多次机场，我可能要很多年之后才发现，那个地方居然有一家咖啡店，发现的时候会很惊喜。"此刻，她弯腰低头，迅速地钻入早已等在门口的车里。这让人觉得身处一个深不见底的江湖，没有太多言语，也没有太多时间，一切都默契有序，李宇春、经纪人和化妆师上了一辆车，保镖们上了另一辆车，而我被塞进了装有伴舞的那辆车。

真正的锦衣夜行。

三辆车在大都市光怪陆离的水泥森林里绕行，这是明星，以及常年跟随着明星的人们的生活的一部分。在这个世界不为大多数人所知的通道、入口、种种部分急速穿行。明星，这个看似光鲜的职业，以消耗掉生活的大部分乐趣为代价。

大约二十分钟左右，我们到达了别名为"春茧"的深圳湾体育中心体育场的后台入口。宇春在车里进行最后的补妆，两个保镖提前下车驻守在车门旁。

步入场馆后台，李宇春在人群中穿过。挂着证件的某个工作人员怯怯地拦下了她："李总，能合个影吗？"她点头，看了看四周，指向另一隅说："白墙吧。"依旧不苟言笑，但看得出来，她已可以熟练应对这类工作，虽然这不是她的强项。

"刚出道的时候，我非常抵触'艺人'这个称谓。因为我觉得歌手就是歌手，艺人就是艺人，这是不一样的。在音乐学院所受的教育里，歌手就是唱歌的，他就是他自己的样子，可是我觉得'艺人'是一个产品，他需要包装，需要面对这个市场，然后像商品一样去推销……"李宇春回忆说，"我用了一年多的时间，才学会把工作跟音乐分开——就是，音乐是一部分，音乐之外的部分是工作。我觉得这样子想，自己好像心态上才比较能够接受。"

"做音乐就是我理想中的生活" /

"Why Me"个人演唱会，这一至今已成功举办八届的系列演唱会，开创了华语乐坛个人演唱会品牌的先河，李宇春是自己的企划人。

"我更喜欢演唱会和话剧。我之前不知道为什么，后来我想了一下，它们有一个共通点，都是一次性的连贯艺术。"李宇春说，"因为它是一次性的，所以有很多的残酷，很多的残缺，但是那些东西比修修改改的完美要来得有魅力得多。"

"爱玩音乐力量"世界巡回演唱会深圳站，"春茧"体育场后台巨大的银色支架下。

一切以李宇春为中心的工序都有条不紊地进行着，而她却对周身环绕视若无睹。她仿佛置身于另一个空间，调整了一下耳麦，做出跑步的姿势，预备进入一个黑洞。随着上一首《寂寞寂寞就好》落下最后一个尾音，她和她身边门神般的舞伴跨上了升降机。

随着律动强劲的音符和心境诉说般的女中音在巨大的舞台中央响起，世界就是她的了。我瞬间明白了此前采访的数个玉米对我所说的话："为什么喜欢她？没法解释，去看她的现场和演唱会吧！"舞台上的举重若轻是很难的，而李宇春具有这种天赋。她的舞姿也许不是最专业的，却有一种脉络清奇的媚惑；她的歌声也许不是最高亢的，却有一种诚挚诉说的动人。

她已能够凭一己之力燃烧起一个让人疯狂舞旗高歌的气场。相比刚出道时的青涩，她更成熟，也更懂得享受。

"她是一个会发光的人。"玉米们说，"她让我有一种不断用镜头记录她的使命感。Why me？这需要很大勇气才能说出的话，一般人不敢。"

《LEE周刊》主编、"资深玉米"南希至今仍记得2008年上海的那场"Why Me"演唱会，因为误会，全场玉米提前点亮了为李宇春生日特制的人手一根的电子蜡烛。"我看到回过身来的春春当时就哽咽了，但她还是控制住了自己。"南希回忆说，"她是一个感情上特别克制的人，但那种不刻意表现的真性情反而特别让人觉得真实和动人。"

李宇春自己唯一记得的一次情绪失控是在2010年的"Why Me"南京演唱会上演唱《流言》。"对于Why Me，我有很深厚的感情。当时我跟公司的合约快到期，不知道未来还能否再做Why Me，也许这个品牌就会离我而去了，所以会有一些不舍得。另外就是……"她突然害羞起来，"其实我在演唱那首歌曲的前半部分时没有那么激动，但后来，我突然在人群中看到我妈妈，她满脸都是眼泪，记忆里我好像从没有看过她那样哭过，而我爸爸在一边拉着她，我一下子觉得很难过。所以……那一次是我自己都没有想到的。"

外表叛逆，内心传统——这正是李宇春特别能引起共鸣的个人魅力之一所在。《环球企业家》杂志的记者岳淼曾经追问李宇春："父亲对你影响最大的是什么？""爱我妈妈。"李宇春不假思索地回答。

也正是这样的成长环境，让李宇春特别能够放手去搏自己理想中的生活。她不止一次说过，如果不是因为"超女"，她毕业时的理想是去北漂。"李宇春才是中国梦的代表。"南希说，"从出道开始，她就说我希望大家只关注我的音乐。她说过的话，现在一步步都在实现。"而李宇春自己说："我的理想就是做音乐。音乐不是我的事业，也不是我的工作，它就是我理想中的生活。"

"我觉得写微博的人都写不好词" /

"非典型玉米"靓靓至今记得2005年那个燥热而疯狂的夏天，那是时任《北京娱乐信报》记者的她唯——次接送机——"8月26日比完赛，8月27日一早飞回的北京，谁也没想到整个登机桥全是人，不是这趟航班的空姐也都来接李宇春。"靓靓回忆说，"我一直跟着李宇春下的飞机，看见春春自己当时都有点发愣。就一个特别平凡的小孩，突然之间一夜爆红，火得整个机场都轰动。那是她第一次接触这样的场面。"

如今的李宇春和她的团队已经对疯狂的接送机驾轻就熟。深圳商演结束的第二日一早，从李宇春跨下车门的那一刻起，整个世界就成了一个巨大的声浪场，无数手机和相机镜头急促地对准了她的脸。她在人潮中被推搡着前行，纵然左右两边都是保安，但前后左右都是热情的歌迷。她每做出一个微小的举动，哪怕是过安检时摘下墨镜的略一扬头，人群都会爆发出巨大的欢呼。

　　那一刻，深圳新机场那一条从进门、安检到头等舱入口的短短五分钟的通道，仿佛魔术一般，瞬间成为人潮涌动的时光隧道——这是这个时代特有的"粉丝文化"，也是巨大的隐喻：人潮汹涌，摩肩接踵，没有人能够避免随波逐流的命运，也没有人能够获得完全的自由。

　　如果说著名词人林夕为王菲写的《不爱我的我不爱》很"王菲"，那么这首继《聋子》和《Hello Baby》后，林夕量身定做的《酷》无疑更为"李宇春"——她步入空旷的头等舱休息室，戴起耳机，只专心聆听自己手机里的音乐。她与这个世界刻意保持着距离，即便是身边的人，也不能够清楚知道她在想什么。

　　她甚至没有发微博的习惯，对于新爱好摄影，也不喜欢看镜头，只拉低机位扫过世界。但你没法质疑她的表达欲，新专辑中有一半是她自己的作词作曲。"之前我有跟一个写词的老师聊天讨论过，老师问我为什么不发微博，我告诉他说我觉得写微博的人都写不好词，因为太多青涩的东西已经在那上面表达完了，怎么能写出词呢？然后去年，我就听到李宗盛写了一首《山丘》，里面有一句歌词是'想说却还没说的还很多，攒着是因为想写成歌'，我当时心里就有会心一笑的感觉。"李宇春自己解释说。

"我个人觉得她的改变在于她更加喜欢思考，对一些细小的东西的敏感度都在变强。之前的合作是一种纯粹的工作状态，我和她完全不聊天也不是朋友。但这一次录音前，春春给我打电话说：'东哥，这次录音的时候我就自己来，一个助理都不带。'结果真的如此。她非常细致，挑剔，甚至为了一个字都会把已经录完的推翻，上了飞机还要再问我觉得这个字好还是那个字好，再返回来。"时隔七年再一次担纲李宇春新专辑制作的著名音乐人张亚东说，"王菲永远是王菲，而春春则是春春。但是我必须要说，我觉得她们俩身上有很多看似不像却有很多相似的地方，尤其是信任和不比较。可怕的东西都是来自比较。我觉得春春身上最最可爱的一点就是，她没有比较心。她真的沉浸在自己的那个世界里，尽最大的努力去完善自己的部分。我觉得她非常努力，使自己能配得上歌迷对她的喜爱。"

"我不希望我被这个世界记住" /

"你希望以一种怎样的方式被这个世界记住？"我问她。

"我不希望我被记住。"她迅速地答道，而这也是我预想中的答案。

在我们共处的最后时刻，北京机场，我看着李宇春远远消失在人群之中，如同流星归于地面，名声如流云，终将四散。"李宇春"这三个字，已经超越她本身成为时代的造物，以至恩宠与荣辱，她也必须一力承受。

我相信聪明如李宇春是知道的，她终将无法回归凡世。发布《再不疯狂我们就老了》时，她就曾说，对她而言"疯狂"就是回归一种普通人的生活，毕竟，异于常人的明星经历已经或仍将在她身上刻下永恒的烙印。此刻，她不用体会常人的多数痛苦，但也无法体会烟火人世的多数欢愉。尽管她的善良、坚强、成长与梦想，让人们觉得自己和她一样，但她的烦恼终究不是簇拥与遥望着她的人们的烦恼——即便他们永远期待她在那里，光芒四射、众星捧月地伫立在舞台的中心，好像一个酷炫的奇迹，照亮很多人的人生。为什么是我？她站在自己演唱会的银幕边，那上面投射出《椰子的信》，是来自她心底的自语。

"我的名字叫椰子，是她的心。"我说到的她，叫李宇春。

她是别人的，因为公众人物这四个字；她有很多的流言，因为"艺人"这份职业的特殊性。庆幸的是，我可以藏在这个受保护的角落里看着她，坚持着自己，也为她希望。希望她也能有一个完全属于自己的角落，希望有人只是，仅仅是喜欢和关注她的音乐。

"这，就叫心愿吧？我会事与愿违吗？"

巨大的光亮把身高一米七五的她勾勒出一个孤独细弱的剪影，不是皇后，而像是小王子，让我都可以轻易想象她曾经诉说过数次的愿景——趿拉着人字拖自在地站在机场里，仰望着屏幕，寻找浩瀚星空的一角：究竟哪一个航班，能飞往幸福永驻的彼岸。可是，有吗？我们又何尝真的知道身置何处，爱在何方？我不禁想着她的问题，也问向自己：我们会事与愿违吗？也许真的不能如愿以偿，但这正是人生——无法事事如愿，无论此前如何星途烂漫，仍将殊途同归的人生。那么在此之前，让我们像她一样，疯狂地起舞，纯洁着自由，酷与不酷，都不要冷酷。人生一场，与幸福紧密相连的不是别的，正是，心的温度啊。

原文刊于 2014 年《时尚芭莎》4 月下刊"封面故事"，本文有删节改动

［ 李宇春的倔强语录 ］

"我从来不走 VIP 通道。为什么要走 VIP 通道？"

/

"我觉得我就是凡人的状态啊，我讲的是我自己的心态，
不代表外面的人看到的我是什么样子的。"

/

"我的理想就是做音乐。音乐不是我的事业，也不是我的
工作，它就是我理想中的生活。"

/

章子怡
［大美人生险中求］

出道比旁人高得多的起点注定了她不同且不平的道路。2014
年，凭借《一代宗师》中的宫二一角，章子怡问鼎十项影后大
奖——更具天意的是，从玉娇龙到宫二，这两个角色就像章子
怡本人那样连贯在逃不脱的宿命中，是从任性妄为的女孩成长
为隐忍负重的女人的过程，也是一场从至叛至傲到至尊至强的
江湖人生。

在大银幕上，章子怡如宫二一般，是无可争议的"一代宗师"。
事实上，"眼中有胜负，也有人情世故"的她完全担得上如下
评价：既有如此美貌，根本不必有如此演技；既有如此演技，
根本不必有如此大脑——

三者皆有，所以她才是一代。

喜欢章子怡，需要一点条件。喜欢她的人相对简单、执着、不循常理。但如果你身处一个迷茫又庸常的人生里，她的美无疑会刺痛你的双眼。我想这就是为什么，多奉中庸之道的中国人不喜欢或不够喜欢她——男权社会里的人们不习惯一个女明星没有太多取悦之态，而是把所谓功利心——事实上毋宁说是决心写在脸上。而在她沉浮的几年间，中国的明星时代——尤其是女明星的做派，也已经几度更改——华服加身、跑江湖、走红毯、抢镜头、串秀场、赚曝光、刷微博、争粉丝、做话题……有太多的新标准定义着一个明星的红与不红，甚至影响着制片方的用人与品牌代言的选择。

"每个门派会有每个门派的招数，我不知道新一代人他们是用什么样的方式去做，我们这样属于老一派的做法。"1979 年生人的章子怡回头，对 85 后的我嫣然一笑："我觉得我是——老一派了。"

她就是一代。

一代宗师的天意 /

　　我第一次见她，是在北京冬日午后的暖阳下，她轻盈地走进来，悄无声息，一身黑衣，好像夜色下的玉娇龙还魂。握手的时候，她伸出的是双手，轻轻一触，抽走——在那一瞬你知道了什么叫"柔若无骨"。练舞的出身，让她的身姿如同眼风一样夺人魂魄，能够轻易表达其他演员需要用脸部才能表现的情感，可她偏偏又长了一张如同 "直布罗陀海峡岩石"般线条硬净的脸。李安在拍摄《卧虎藏龙》的回忆录里曾如此评价："章子怡很上相，脸的特质多样，捉摸不定。"

　　再一次见到章子怡，是在夏末的傍晚，落日在帝都的高楼间隙徐徐直坠，映射在成排酒瓶与空杯上的余光，灼亮得让人不忍直视。这是我所不熟悉的北京亮，正如这是大多数人银幕之外所不熟悉的章子怡——感冒了的她素颜盘着腿蜷缩在沙发的一隅，每隔一阵就得捶几下自己不时作疼的腰。

　　"在我身上留有太多的伤痛。"拍完《一代宗师》时她告诉我，"那天我站在那儿，突然开始感觉发炎、发烧，我觉得就像被一把把尖利的刺刀戳着腰似的，整个人想立马躺在地上。"她顿了一顿，用她自称归属的"北京大妞"里鲜见的柔和嗓音继续道，"但在大院子里头，还是得撑着。拍过戏，吃过苦，我觉得那个感受不一样。"

　　和一般的"女汉子"不同，她的强韧奇迹般地有一种强烈地让人想要保护她的欲望。这一切正应了当年《纽约时报》对《卧虎藏龙》时期章子怡的评价：银幕上的她无疑是个"奇女子"，身躯如垂杨柳般柔弱，意志却似钢铁一般坚强。

再后来，我又看着她在车程遥远的宋庄"树"美术馆一个呈现出泥灰色背景的长廊里，身着高定长裙，盈盈而立。作为一个明星，不管有意无意，她给外人的距离感始终存在，哪怕她曼妙的身姿毫无掩映地近在咫尺。

"掌上珊瑚怜不得，却教移作上阳花。"穿上华服之前，她的手轻快地抚过艳光四射的刺绣裙面，声音里却没有太多的快意，用她自己的话来说，"被所有人看，我其实没有这一份欢喜心"。她在化妆间里熟稔地倾身向镜子探出那张"祖师爷赏饭吃"的脸。

这张脸的特写在《一代宗师》里一再重现，让人印象最深刻的一次是——决心为父报仇前，她面向众人，几乎不施粉黛的脸掩映在光影里，露出从额到颚的清冽线条。

"父亲留话了没有？"她一路向前，头也不回。

"姑娘——不问恩仇。面子里子，都是时势使然。"一众人在她身后劝说。

她蓦然抬首："那么——或许我就是天意！"

事实上，电影所赐的最大天意莫过于角色与演员本人的玄妙重叠，正如这些宫二的对话与台词尽可以做章子怡近几年明星生涯的自白与注脚。

"拍摄这部电影的这三年，其实我也经历了很多的起起伏伏，人生的种种不同际遇。我觉得成长的过程，也为角色本身增添了很多灵魂。"章子怡自己亦不讳言，"下火车论天意这场戏，我印象很深——整个人的那种状态，其实你那时候分不清楚你是在为宫二落泪，还是在为自己落泪。"在最终呈现的电影镜头里，她拼命咬住颤抖的嘴唇终未落泪是因为——"王家卫跟我讲，这个时候，宫二应该不是那么轻易可以落泪的。"

当然不可轻易落泪，最难的时候，在赵本山的回忆里，她曾经日日以泪洗面。宫二入道那场戏是章子怡情绪起伏最大的时候，要独自在古庙里面对佛像，许下誓言时"万事涌上心头"。

"她许了一个愿，你会发现她对自己是很残忍的，这之后，她要残忍地放弃很多东西，包括女人最重要的感情，宫家武艺的传承，她的一生……她全部都要放弃。她是一个不信命的人。"

电影里，当宫二睁眼，只见如她所愿，偌大的寺庙空空荡荡，只余留佛像臂弯里一盏残存的烛火在荧荧发亮——她因此断发明志，蜡炬成灰，泪始干。

现实中，她的经历也大凡如此：泪流向下，火焰向上。

生命值得去冒险 /

一手带出了以章子怡为首的中戏 96 明星班的常莉老师说："这个行业，最终靠的还是命运。"无疑，章子怡赶上了中国电影业的好时光。只不过，所谓"命运"，在这个时代不仅是宿命，更多时候是指老天给了你这个机会，看你要不要，并且抓不抓得住。

用章子怡自己的话说："我从 19 岁起就很幸运，但我也是一步步艰难地走过来的。其实很多东西只有上天在看着你，它能看到你的一举一动。我没有辜负任何一次机会——任何一个人给我的任务，我都超额地完成了，所以我有今天。"

她从来不缺乏转身的勇气，哪怕尚有眷恋——这样的人生态度，与她对待爱情乃至分手的态度一脉相承。这从她最初从"舞女"转身"武女"的经历就可以窥知一二。17 岁那一年，在北京舞蹈学院附中学习了 6 年舞蹈的章子怡放弃了全部训练，考入中戏的表演专业。当谈到为什么要放弃时，章子怡曾在一次采访中说："就是不甘心，我学了 6 年的专业，最终只能给别人伴舞，我宁可放弃不做。"

从《卧虎藏龙》、《英雄》、《十面埋伏》、《夜宴》到《一代宗师》，这是章子怡接演的第五部与中国功夫有关的电影。就像《一代宗师》里宫羽田通过最后一役把名声送给叶问，《卧虎藏龙》一役，玉娇龙一角把名声送给了年少的章子怡，然也让她再难脱离。

从玉娇龙开始，章子怡可能是最容易让人入戏不分的女演员之一，直到如今，很多人还是会认为，章子怡就是玉娇龙。这是摆放在经纪人纪灵灵面前永恒的难题。"电视剧会让观众把女明星当自己人，而电影不会，尤其是玉娇龙，暴烈、天真、任性、叛逆……只会让人离得越来越远。"

但在章子怡自己这里却辨得明晰。"坦白讲，虽然在《卧虎藏龙》之前也拍过戏（《我的父亲母亲》），但我始终都是在一种很懵懂的状态下去演玉娇龙的。那时候我唯一的一个信念就是说，不要让他（李安）失望，他们怎么要求，我就尽力做到我的极致，简单化的动力是最大的，但当时的简单说白了，就是导演的要求。"她说，"玉娇龙是我在完成一个功课，一个目标，达标就是达标，这种状态（和现在演戏）完全不一样。"

在王家卫、章子怡、玉娇龙、宫二之间，事实上还有一个 60 年代的香港舞女，这是章子怡第一次与梁朝伟演对手戏。"他都是用广东话演戏的，刚开始还真不习惯。"正是这个角色让章子怡首次夺得 2005 年香港电影金像奖影后殊荣，国外媒体这样叙述："章子怡在《2046》里的存在让人神魂颠倒，这正是导演王家卫的期望——影片中，当我们跟随一个孤独的男人追寻他过往的恋爱时，我们都禁不住被章子怡每一次的银幕亮相所迷住。"

但她自己却不曾在戏中迷失——事实上，她强大坚韧的学习能力让角色促成了她自己更好的人生——用她自己的话说："我觉得我做演员这么多年，最幸福的地方是你可以跟你的角色共命运、共患难——她们身上的优点，每个人身上极致的地方，你都可以感受、体会和学习到很多，她们丰满着你自己的人生。"

这样的回答、这样的运气让章子怡自出道起就饱受非议。正如她后来说到她之前在自媒体平台上发布的自己与莱昂纳多·迪卡普里奥在飞机舱内的合影："真不是我主观意愿，为了电影宣传所以有了'苏菲遇上盖茨比'。"事实上，他和她有一点很相像：都是年少成名，但没有局限在赖以成名的角色类型上，而是一直在演戏这条道路上孜孜以求，并力求在拍戏之外"逃到自己的生活里面"。

她不止一次地诉说："如果可以选择，我会把我所有的精力花在电影的角色上，然后我就去过日子，在家里窝着，煮煮粥，遛遛狗，插自己喜爱的鲜花，三五知己交交心——那是我特别向往的日子，很集中地工作，很慵懒地生活，而不是消耗我的生命。"

但和总是力求维护女神形象或重走女神路线的明星不同，章子怡几乎从未想要在生活中做女神——对她而言，面子和里子，重要的还是里子，这种做派终究让她在圈内显得不同。正因为此，这一年的她可以力排众议在《中国最强音》跨界做导师带出冠军。

"你冒险才有胜的机会，你不冒险，你可能连机会都没有——你在上面看什么呢？世上没有事事通。"

爱比什么都重要 /

2013 年 9 月 15 日，章子怡宣传电影《非常幸运》，这是她四年前首次担纲制片人，为自己开拓出喜剧戏路的爱情电影《非常完美》的续集，依然是一个女孩勇敢追爱的故事，而她也意味深长地再一次面向众人说起了"勇气"："每个人都有失去爱情和收获爱情的时候，这是再正常不过的事，最重要的是有面对生活的勇气。"

自 2013 年起将发展路线重新移回中国的章子怡，或许可以规避玛丽莲·梦露式结局。"女明星们都生活在一般人难以想象的另外一个世界，对于外部世界都有着巨大的不信任。每个伟大的女演员都是一段流年，因为她们是被造就出来的，并且很多时候不能控制自己的命运。"

真实的人生远比武林艰难。电影中王家卫借宫二之口是这样说的："话说清楚了，不是你还的，是我自己拿回来的。"人生如此艰难，不过是因为，世上甚少雪中送炭的事。哪怕有心，也不一定有力，所以她才会在多年后，语调里漫起轻快地问他："去年的大年夜，你知道我在哪儿吗？"

她的美在王家卫的镜头下再一次达到了巅峰，而且这一次，让人心头念念不忘的玉娇龙绝非盖过，而是强化了眼前银幕上宫二的美——前者是一代人的青春梦，蕴含大美与大危险；后者却是所有人寻梦后的归途。昔日她瞒着师娘偷练"武当心诀"直至自成一派，如今她在重男轻女的父亲门下苦练"六十四手"直至独撑家业；昔日她在竹林之上与周润发饰演的李慕白飘飞缠斗、意乱情迷，如今她在金楼一屋的精致里与梁朝伟饰演的叶问贴脸擦过、注目含情；昔日她以一把梳子与张震饰演的罗小虎私订终身，一头青丝伏在他身上说"如果你不来，我会追到你"，如今她深情地抚摸残灯余火下的一颗扣子，一身旗袍孤身想着那日临别雪花纷飞时对伊人所言"你来，我等着"。

万水千山，久别重逢。

她当然不算久别，但那样的章子怡，却是在大银幕上不再许久了。

我只想和我喜欢的人去看她和他的电影，只有他们能够让我想起在"爱情"一事上久别重逢的勇气。

但我们所能做的，终不过是看着火车上，一片人声鼎沸与腥风血雨中，章子怡走过去，轻轻默默地把头靠上张震肩头，昔日情人的两张脸，恍若隔世，凛冽依然。过去是美不可方物，现在是默然静好，只除了镜头一转，满手是血。

我们以相同的姿态依偎在影院里，能触摸的东西永远没有"永远"——永远无法预计下一个镜头，正如无法预计下一个眼前，以及身边人。

她和他的最后一面，是在新金楼听旧戏。她精心装扮，红唇剑眉，听一曲悲喜交加、百转千回的《风流梦》。他欲明朗："宫先生这么多年文戏武唱，就差个转身。"她却黯然："叶先生，没想到这么多年，你把我当戏看。"但临别，她还是把自己的心愿托付给他："父亲以前常说，习武有三个阶段。"宫二在空旷如昔日寺庙的深夜街上回首向叶问说："见自己，见天地，见众生。

我见过自己，也算见过天地，见众生的路，希望叶先生你能走下去。"

总觉得这一段路与这一段话，名上讲的是"习武"，却与演艺圈无二——只不过，"见众生"是明星的本职工作，而明星"见自己"，往往在"见天地"之后。

因为《卧虎藏龙》，章子怡很早就见过天地，且是旁人无法企及的海天阔地。在台湾知名影人徐立功的回忆中，当张艺谋推荐章子怡出演玉娇龙时，"我们就差点放鞭炮了"。在此之前，代替被保险公司否决的舒淇试镜的是一个"高头大马的香港影星"，"她不会骑马，为了让李安用她，一天练五个小时——这就是李安喜欢的演员类型，认真。但两个月下来，李安、王蕙玲、我和那个女演员都受不了了。"事实上，坚持下来的却是练舞出身、看似柔弱的章子怡。李安在后来的自传《十年一觉电影梦》中对章子怡"能吃得下来"的能力印象深刻："她一开始惹得每个人都急，但经过一两个月，不管美术、摄影、武打、演戏，她都能慢慢消化下去，吃得下那个妆、那个光，吃得下大伙加在她身上的那个戏。"

拍摄《一代宗师》，章子怡饱尝练功之苦，为了诠释宫二，她花了三年时间去刻苦训练八卦掌。"她是我见过的练习拳术最刻苦的人——除了没日没夜地练习，她还不停地看我的套路录像，就这样持续了好几个月。"在《一代宗师》摄制组担任八卦掌老师，同时也是八卦掌传人的戈春艳如此评价章子怡。

但她一再说："我最不怕的就是吃苦。"她在拍摄宫羽田带女儿观战的一幕时想起《卧虎藏龙》时懵懂的自己。"我理解他的方式，因为我经历过——如果你已经知道这个世界是什么样子的，你恐怕就没有那种惧怕的心灵，就敢于去面对它——因为你见过，你有准备。"

相比见天地，见自己却是一件漫长且更有切肤之痛的事。《一代宗师》停拍的期间，章子怡跑去拍了顾长卫的《最爱》，遇见"商琴琴这个宿命般的角色"。"我好像丢了魂，总觉得有两个人真的活在门头沟那个村子里。"她回忆道，"她对爱情执着全因她在有尊严地生存，没有被外界的鄙视或是不公正的眼神打倒——这让我尊重和向往。"那一年，30岁的她经历"泼墨门"、"诈捐门"、未婚夫的背叛，没有谁雪中送炭，人生的春天戛然而止，但她在商琴琴的笑与泪中找到了一个更极致的自己。"就像宫二对叶问所说：我在最好的时候碰到你，是我的运气。"

事实上，"明星"这一身份能够赋予人的光环和时尚颇为类似——它并不能真正创造你的风格，更多时候不过是强化——能创造风格的永远是真我与本心。

《一代宗师》的结尾处，宫二画外音的独白说：所谓的大时代，不过就是一个选择，或去或留——但对女明星而言，一朝踏进演艺圈，便是一条很难选择回头的"见众生"之路。我真正喜欢上章子怡，不是始于玉娇龙，却是因为多年前，走过红毯的她从电影节归来，对一众媒体说的真心话："你们见过影展结束后的戛纳吗？就像一夜富翁。当你脱下借来的华服首饰，看过红毯的空无一人，就会知道这一切都是虚无——但我也只有这一条可走的眼前路。"

人生不是电影，有恰逢其时的死亡。

我们不能像玉娇龙那样纵身一跃，只因人生还有一辈子那么长。

我曾问她："还有什么角色是你想做，但还未做到的？"

"做妈妈。"她笑着看向我，却又分明是沉浸在自己的回忆里，"我老记得小时候，我们家特别小的一个房子，13平方米，爸妈、哥哥和我一家四个人住，挺贫寒的，吃顿红烧肉、买个国库券都能高兴半天。当所有的一切都有人分享，哪怕是你的痛苦，你的无助，有人一起去分担——那才是幸福。"

这一刻，她的脸上都是久违的荣光，就像宫二比武后送别叶问，浅笑着说"叶先生，不能只有眼前路，而没有身后身"，那张少女未经人间疾苦的天真脸庞。

原文分别刊于 2013 年《时尚先生》2 月刊 " 封面故事 "

2013 年《ELLE》10 月上刊 " 封面故事 "

2013 年《时尚芭莎》12 月刊 " 封面故事 "

本文有删节改动

［ 章子怡的倔强语录 ］

"每个门派会有每个门派的招数，我不知道新一代人他们是用什么样的方式去做，我们这样属于老一派的做法。"

/

"被所有人看，我其实没有这一份欢喜心。" /

"你冒险才有胜的机会，你不冒险，你可能连机会都没有——你在上面看什么呢？世上没有事事通。"

/

"如果你已经知道这个世界是什么样子的，你恐怕就没有那种惧怕的心灵，就敢于去面对它——因为你见过，你有准备。"

/

"当所有的一切都有人分享，哪怕是你的痛苦，你的无助，有人一起去分担——那才是幸福。"

/

翟永明

［一个女诗人和她的白夜江湖］

她"能经受所有的痛苦、生离死别和孤独，但却不能忍受委屈"。

对翟永明而言，酒吧满足了她对"一种无拘无束又不影响写作的职业"的向往。白夜和写作，这一纵贯，就是十五年。

虽然她说"白夜十五年，美好又厌倦"，但她既没有成为三毛那样的悲剧浪人，也没有被生活磨砺成一个憔悴妇人，而是成为了一个有意境感的人。

这已经是岁月与天意对女人莫大的赏赐。

我与你 / 睹面如过千山 / 掉头便已万里。

——翟永明《画中人》

第一次在某大学硬被推到台前当众朗诵诗歌，翟永明竟然抛下偌大一礼堂的人扬长而去，结果是海子站出来走到麦克风前，说"我帮翟永明朗诵她的诗"才得以收场。究竟是一个什么样的女人，在她与众不同的容貌与沉默背后，让江湖中人一再"英雄救美"？

在当事人的叙述中，真正的故事永远与传说不同。

她是来自旧日的，在当下这个薄情的世界里正深情活着的稀有范本，而且，几乎从未有悖自我。"80 年代我不喜欢在各种各样场合里说话、表达，或者社交。其实不是神秘，就是性格问题。"但羞于开口的确助长了这种神秘性，让观者对女诗人产生层层误读。

直到 1998 年白夜酒吧开张，翟永明的性格才在某种程度上得以重塑。如今的翟永明有了一种与白夜相辅相成的气场——通透、大气和明理，让人觉得她什么都可以聊，好像什么都可以理解，也都可以谅解。

我们第一次见面，是雅安地震第二日，她在上海的春雨中眉头紧锁，犹豫着是否要取消晚上的诗歌朗诵会。她对人有一种发自内心的感情，也只有这样的深情，才会让人真切地感受到她说的"人心中才会发生真正的地震"，所以她没有像彼时一样扬长而去，如期举行了晚上的朗诵会。

这之后，我们陆陆续续地通过几个电话，再见她时是白夜十五周年庆典的前夜，在青苔丛生的窄门外，高悬的星点灯光投射在她的侧影上，光晕里与之轻柔交叠的还有一个男人，她的画家前夫。

"这是何多苓。"她起身向我简单地介绍道。那一瞬，我心中风起云涌——他看向她的目光，保护似的笼罩，让人回想起她从前在他画中的风华绝代。

如今他们虽已分开，但她还为他在白夜里办师生联合画展，酒吧装修还征询他艺术家眼光的意见。事实上，不知是巧合还是别有深意，何多苓的生日就在白夜诞辰的后一天。再后来，白夜十五周年的诗朗诵开始前夕，我又见到她与另一成都才女作家洁尘并肩站在一起，接受旁人的合影照相。如果不是亲眼见到，很难相信一个人的神情气质在男女身边会如此有别：和男人在一起，她的安静就像是似水的光阴；和女人在一起，她的愉悦就像是如日的光影。

虽然她说"白夜十五年，美好又厌倦"，但诗和白夜既没有让她戏剧性地成为三毛那样的悲剧浪人，也没有让她被生活磨砺成一个憔悴妇人，而是成为了一个有意境感的人。

这已经是岁月与天意对女人莫大的赏赐。

白夜十五年，美好又厌倦 /

　　翟永明"抓住白夜"是在 1998 年。在此之前，她众所周知的时间坐标轴是：1984 年自印诗集《女人》，"我，一个狂想，充满深渊的魅力 / 偶然被你诞生"，述说自己 14 岁才回到亲身母亲身边与对自己"女性黑暗意识"的矛盾；1985 年发表《静安庄》，"从地下的声音 / 让我到达沉默的深度"，描写自己 19 岁去往成都郊区村庄插队的生活；1986 年从西南物理研究所辞职，脱离体制，同年参加"青春诗会"；1990 年与何多苓一起驾车穿越美国，出版《纽约，或者纽约以西》；两年后回国，她重拾诗歌发表转型之作《咖啡馆之歌》，"犹豫缠绵的咖啡馆 / 在第五大道 / 转角的街头路灯下 / 小小的铁门 / 依窗而坐 / 慢慢啜饮秃头老板的黑咖啡"。

　　那是一个寒风大作的冬日上午，她路过离家很近的玉林西路时被一个位于路口、正在招租的扇形店门所吸引，在一分钟的考虑后她从卷帘门上揭下了广告，并说服发小戴红一起把这家服装店盘下来，开成了酒吧。在以自己喜欢的俄罗斯作家陀思妥耶夫斯基的小说《白夜》以及现代舞舞者巴希利科夫主演的电影《白夜逃亡》命名酒吧后，翟永明的生活就变成了两点一线：从白夜到家；从写作到经营；以白夜为坐标和轴心，展开生活、写作和朋友圈。

　　白夜和写作，这一纵贯，就是十五年。对翟永明而言，酒吧满足了她对"一个自由、散漫、无拘无束，能挣点生活费又不影响写作的职业"的向往，但白夜对成都的诗人与文化人士们的意义却远非如此。翟永明的好友唐丹鸿曾在一篇《我在玉林干了些什么》如此说："就成都而言，我只在玉林出没；

就玉林而言，白夜是一个我能找到小翟、何多苓、刘家琨等所有老朋友的地方"。

和翟永明常说的"铁打的白夜，流水的吧员"成对比的，是诗人们的不离不弃。2009年从玉林到宽窄巷子的迁址也不能阻止——白夜酒吧之于成都，就像花神咖啡馆之于巴黎，是文人们喧嚣聚会的天堂，远离俗世的乌托邦。她与他们的友谊，正是从开了白夜之后开始熟起来，野夫、梁乐、郭力家、朱明、吉木狼格、何小竹……"有时，我坐在白夜外面，顺风时，总能听到马路对面传来莽汉们大声武气的碰杯声。"翟永明回忆畅快饮酒的日子，"那时，我把自己灌成一个充水的皮袋，拎都拎不起来。"她自称"鸡尾酒派"，曾一度推崇一种叫"B—52 轰炸机"的烈酒鸡尾酒：1 盎司棕可可覆 0.5 盎司伏特加，喝法是点燃上层的酒精，趁火焰进唇之际，连着火焰一口吞下整杯酒。

事实上，翟永明这样的女人，就像"B—52 轰炸机"一般，其初始和余味，让男人的感觉很难一言而尽。何小竹对她的第一印象是"神秘、美丽、羞涩，以及淡淡的一点忧伤，说话的声音不大，说完一句话便露出一个羞涩的微笑"；钟鸣在1994年出版的《翟永明诗集》里曾形容她"干净、利落、明快时髦，很像一些精美书籍里的'插图人物'……能经受所有的痛苦、生离死别和孤独，但却不能忍受委屈"；何多苓对曾朝夕相处的她的评价是"她生活很日常，没有刻意追求某种生活方式，待人接物非常含蓄、文雅，对很多人来说，是一种非常特别的美"。

在这个诗歌荒芜甚至被称为"无用"的时代，翟永明自己对白夜与诗歌最深刻的记忆，和1998年钟鸣在白夜的一场签售有关——一个陌生女孩手持一大束百合花，递给了正在签名的钟鸣，声称自己是钟鸣的崇拜者，今天只是前来送花，并亲口告诉他这一点。不知所措的钟鸣在女孩就要转身离去时才突然反应过来，给了她一个深深的拥抱。"从那个时候开始，每年都有一个精致的礼物在钟鸣生日当天被神秘地送到白夜，由我转交给他——十五年来一次也没有少过。"

被称为"美女好望角"的白夜像一个舞台，也像一个戏剧空间，翟永明从一个早期的当事人成为了一个旁观者，这一变化也体现在她的诗作中。她看着"时髦的女孩，穿着前卫，品味高雅，目光坚定，一群一群地到白夜来"，每一个都"是马上就要经受海啸的地平线"。她还记得一个"长得不好看"的女人曾说出一段让她震耳欲聋的真理："这个世界是围着美女转的，化妆品、香水、名牌、各类填充物、音乐、电影、建筑、潮流、历史、战争、权力，连丑闻都跟丑女人无关。"

因此，身为旁观者，翟永明很清醒："短时间内，中国就是一个以貌取人、讲求速度的社会"——这也是当代诗歌的现状。

她近年的新诗里，在女人、爱情和酒精之外，我还看到了地震和死亡。"5•12"地震的第二年，她写了《上书房、下书房》来纪念自己最喜欢的彭州白鹿乡大教堂残骸，以及地震中在那里拍照时遇难的新婚夫妇们，"婚纱照包裹了衰弱的天使／高跟鞋踩踏传教士的天堂"。

最让人感慨的或许是观 2009 年 11 月第二场雪，为自杀的歌手陈琳而作的《和雪乱成》。"2009 年第一场雪飘下来时，我正在从唐山回北京的路上。作为一个成都人，我几乎是第一次看到如此大的雪片。唐山的朋友王志勇说，这就是'燕山雪花大如席'。但是，就在当天晚上，我收到朋友的短信，说陈琳自杀了。"陈琳是翟永明密友的朋友，她在白夜见过陈琳几次，觉得很有眼缘，后来陈琳邀她写词，虽然最后因为陈琳丈夫的异议没有启用，但翟永明对陈琳于此表现出来的歉意记忆犹新。"我觉得她这个人非常本真，跟别的明星不太一样，我很喜欢。"

她在听闻陈琳自杀后失眠未睡，在京城的第二场"如同天意般的雪"中看着窗外写下了《和雪乱成》，并在前言中透彻地写下：她的歌，我只听过两三首。只知道她一度很红。但后来，大家都忙，渐渐地就相忘于江湖……她自杀后各类人的表演，也对人构成冲击——江湖就是这样薄情寡义，但又如此道貌岸然。

所幸——这个世界还有白夜这样的江湖。

2013 年 5 月 8 日，我在白夜十五周年的诗歌朗诵会后溜出去觅食，因此错过了朗诵会后的热舞派对，余光所及，只有残羹剩杯和苟延残喘在昭示着曾经的酒盏交错和重重魅影。和其他酒吧相比，这里的安静和狂热都开始和结束得太早。正当我坐在吧台的高脚椅上要点一杯"B—52 轰炸机"，翟姐披着一条那日未曾离身的火红披巾从人群中向我走来，给我了一个如火温暖的拥抱。"我应该短信叫你回来的。"她的脸上泛着跳舞的余味留下的红晕，让她的笑容较平日更加好看，甚至冲淡了我心中的遗憾，"没关系，人生总有下一次。"

原文刊于 2013 年《ElleMEN 睿士》7 月刊"女人特辑"，本文有删节改动

［翟永明的倔强语录］

"人心中才会发生真正的地震。"

/

"短时间内，中国就是一个以貌取人、讲求速度的社会。"

/

"没关系，人生总有下一次。"

/

第二章

有人问我你究竟是哪里好

——他的故事 /

江南
［坐拥时光与可能］

他是"2013年中国作家富豪榜"上的新晋首富，但他自己可能更愿意被誉为"中国幻想文学第一人"。在实体出版日渐萎靡的今天，他的单册书销量仍让人难以望其项背，但他却说："我所有的小说其实都是成长小说，写成长的历程，就是一个人对社会的了解，对世界的了解，这些东西就是我最想传播的，因为我特别像普通人。"这或许才是他能够超越众人、矗立在榜首的终极原因：他始终情感充沛地写着他自己的热血与成长，并加以传播与普及。

江南的新晋身份是"2013年第八届中国作家富豪榜首富"。

　　在此之前，榜首的名字是余秋雨、郭敬明、郑渊洁等人，被称为"中国幻想文学第一人"的江南不属于此前名列榜首的任何一个派系。

　　江南所代表的文学世界既不来自传统，也不贩卖青春，他的文字如其名，有一种克制的温情，其本人给人感觉亦是如此。见到他时，最先让人想起的还是他的成名作《此间的少年》中某个书生意气的角色。

　　《此间的少年》这部以金庸武侠小说为基础，讲述大学生活的小说作品是一代校园青春的经典读物，自2000年出版单行本行销中国后，迄今已有五个版本，超百万册销量，是一个长盛不衰的奇迹。

　　在文学界，也或许是在任何一个领域，创造一次奇迹对天赋足够的人并不难，难的是创造一次又一次奇迹。将"自律精神"奉行为"写作才华的一种"的江南做到了，从《此间的少年》到《九州·缥缈录》、《龙族》系列，从校园、武侠、言情到自己最感兴趣的奇幻甚至为之创业，江南走出的是一条文商并行的"新派作家"之路，这让他的彻悟和坦诚远远胜于旁人。

　　他的书单册销量在整个出版业都让人难以望其项背。"我们追求的是单品的销量，单品量我在中国能卖到200万，是一般畅销书的8倍以上。"江南坦承这还不是全部，"我的《龙族》系列就像《哈利·波特》，当它真正流行起来的时候，生命周期才刚过一半。"这意味着，还有至少三部才完结的《龙族》销量还尚未井喷。

　　"只有商业社会才能让我们这种作者出现。"江南说，"永远不要试图在别人的悲剧中获得自信心。要甘于在自己的职场上做那个还不够好的人，跟那些比你强的人交朋友。"事实正是如此，为了《龙族》，江南和他的朋友们正在马不停蹄地接洽好莱坞。在他们身上，文学不光停留在临睡前被翻阅、青春聊以纪念的书页，而是坐拥着无数时光与可能。

"找壳很容易，情绪最难找" /

1999 年，被奶奶起名"杨治"，予以"天下之治"热望的少年入读位于圣路易斯的美国 Washington University。"一个特别冷的地方，非常少人，看不见人，冬天下雪的时候，你开着车在公路上碾压积雪往前走，特别萧瑟，几乎没有任何生机。"江南回忆说，"这让我想念树多且暖和的南方，我家在距离长江 100 公里远的江北。这就是'江南'这一笔名的由来，不是一个特别有趣的故事。"

虽然师从 Michael L. Gross 攻读博士，且受教过新东方的励志课程，但江南的人生终究没有被那时"美国改变人生"的风潮所改变。对他而言，异乡更能让人体会到心中真正的所爱。

江南学的一直是理科，北大化学系毕业，但他不知道来美国后自己会觉得工业如此无聊。"没有去过的人不会了解，美国药厂里每个博士会有一个大空间，屋顶非常高，一个车间里有 500 个博士。从顶上那个横梁走过去，可以看见下面哗哗地在工作。如果不是顶尖的科学家，它几乎不对创造性有要求。化学系是全校人最多的一个系，因为它需要大量熟练的合成者。仅此而已。"

江南从没有像在美国时那样怀念北大，尤其是北大南门的"风入松"——中国第一个开架式的著名书店，在这里，可以随便翻看新书。"唯一的问题是它不提供座位。"江南笑言，"不过如果提供座位的话，大家一定会赖着不走。"在这样的怀恋中，江南待得最多的地方不是实验室，而是学校的东亚图书馆。他回忆道："我觉得有的人对阅读中文是有习惯的，譬如我，时间一长，你不让我阅读中文的话，我就会烦躁。"

看书和写作成了江南缓解烦躁、抒发心情的方式，也是《此间的少年》最初的由来。抵达美国一年半后，他开始写作。发表在论坛上的文字出乎意料地受到大量追捧，江南成了最早一批受益于互联网的网络作者。"我在一无所有的时候写下了这本书，用以纪念我终将失去的青春。十年后回想，那时候我其实富有得像个皇帝。"他在十周年纪念珍藏版的扉页上这样写道："那时候通往食堂的银杏明黄如金，女生们走在落叶中裙裾起落，男生们冲她们敲打饭盒……热血上涌的时候我相信自己能征伐世界，在战马背上带着窈窕的姑娘归来。"

"《此间的少年》其实一点都不算幻想小说，它算特别正式的校园文学。里面写的故事有百分之八九十都是真的，直到几年后还有当时的同窗打电话找我对证。"江南笑道，"当时因为借用了金庸小说，被归类为'新武侠'、'同人'，但在我看来，那只是一个手法。"

这种手法很快被沿用到江南的第二本书里——他借用"一千零一夜"的故事架构，写了《爱死你》：一个勾人魂魄的全职死神和一个为了拯救其他女孩而牺牲自己婚姻的人类女孩的爱情，被喻为"2000年之后最值得收藏的中国原创童话"。这个3万多字的故事，江南只花了一个晚上就写完了。"15个小时，就着一箱12瓶的啤酒，咣咣咣边喝边写。"江南说，"那个情绪特别简单，其实就是我和当时的女友——一个在异国他乡的男孩对着时差跟一个姑娘通宵聊天的故事。"通过这个故事，江南进一步认识到，对于小说而言，找壳很容易，情绪是最难找的。

与此同时，因为网络上发表的小说，在美国的江南和北大的师兄颜庆胜成了聊天甚欢的网友——这间接促成了江南2004年攻读完硕士、肄业博士学位的回国之举，和卞智宏、孙健敏等北大人成立了一间小出版公司。《爱死你》与喜欢这个故事的插画师合作做成的绘本，成为他们当时引以为傲的图书作品，这种形式在当时很罕见。再然后，江南重做了《此间的少年》的第二版，弥补了当时通过网络将小说签约给一家并不熟的出版社的遗憾。

"白色的封面，上面有金色的银杏叶子往下落。"江南这样描述第二个版的封面。

"看似幻想，其实都是对现实的映射" /

在美国的日子，除了促成《此间的少年》的诞生，也让江南首次接触到了以《指环王》为代表的"奇幻文学"。

不止是他，2002年开始，一批在网络上天马行空写幻想小说的年轻人因为在论坛中惺惺相惜而成为朋友，他们觉得，单凭个人的力量，即便穷尽百年，也写不完心中无尽的想象，于是决定联合网络写手，共同创造一个属于中国的幻想世界——这就是"九州帝国"诞生的缘起。

一般认为，幻想小说的风靡与网络、游戏的普及不无关系。但在江南看来，幻想小说秉承了他前两本书的成功准则：情绪比别的东西更重要。2000 年创作完《此间的少年》和《爱死你》之后，从 2001 年起，江南就开始创作《九州·缥缈录》系列小说，2004 年，《九州》吸引到国内著名的网络游戏巨头"九城"的资本注入，从网络拓展到传统纸媒，江南的《九州》系列最终共计出版单行本 7 种，销量 180 万册。

"很多人认为科幻传播知识，在我看来这绝对是错误的。小说的意义根本不是传播知识，它传播的主要是情绪和思想。看似幻想，其实都是对现实的映射。"江南说，"唯一不同的是，在虚拟世界中，你可以把人物所处的环境做得更为简单，或者说，更为纯粹。虚拟的架空世界会把一个人放在更为直接明了的状态下看他的反应——特别极致的情绪，这就是幻想小说能够比现实主义小说做到的不一样的东西。没有哪部幻想小说是纯粹的幻想，它反映的仍然是现实世界中应该有的社会性、逻辑性、准则，都是一样的。"

江南自己最喜欢的游戏是自上田文人的《古堡迷踪（I.C.O）》和《旺达与巨像》。"特别冷的小众的游戏，但是游戏设计极棒。"江南说。对于后者，他印象深刻的场景之一是，一个人策马在荒无人烟的陆地上奔驰，整个游戏中只有比人高 50 倍的巨大人像，战胜他们的唯一方法是想办法攀爬到关键部位举剑将其刺穿。"没有玩过的人，可能永远不会知道那种特别大的震撼感……你所能做的就是攀登，攀登，不停地往上爬。"而《古堡迷踪（I.C.O）》的故事和《爱死你》有异曲同工之妙："你会在这古堡里面发现一个白色的小姑娘，你要一直拉着她的手走，不拉她的手她就会原地不动……我觉得这个做得很好。主角是一个像小恶魔一样的人，女孩代表他心中善良的一面，那个城堡则是他心里的迷宫，要出去，只能拉住那个人的手，否则会走丢。"

的确，在虚拟世界中，舞台更容易转换，场景更容易变换，从而激发出人无穷大的能量，这在某种程度上或许可以解释"奇幻文学"为何能异军突起。在日益平行的世界和日趋多远的时代，江南较早地看到了幻想市场的前景，义无反顾地投身其中，甚至不惜博士肄业回国创业。

2006年，九城投资《九州》游戏计划搁浅，江南开始北上筹建自己的公司。同年，他创作了全新的幻想小说《上海堡垒》——这是江南自己最钟爱的一本小说。"15万字，完完整整地讲了一个世界末日的故事，我所有该讲的都讲完了。它代表我最后告别了我持续到28岁左右的幼稚阶段，是写作，也是生活。你什么时候觉得这事我想做，我要做，但我要承担责任的时候，那你就是成熟了。"如今他的公司就像是类型小说业界的"黄埔军校"，作家培训计划已经进行了两年，通过招聘启事和微博等在小范围内招人，至今已留用五人，由包括江南在内的团队亲自授课、开会和创作，不收钱，还给数目不低的基本工资。"类型小说其实是很新的东西，虽然感觉它很好做，但其实里面的细节是非常非常难弄的，必须有人能够愿意接受很长时间的培训，一般一到两年的培训才能真正出一个合格的作者。"

至今江南已经写了二十多本小说，而《上海堡垒》里的女军官林澜始终是江南最偏爱的角色。"我倾向于那种自己有掌控权的人，对自己的人生充满探索，充满不确定——你不能被一个笼子框住。"江南说，"我希望我的读者从故事就得到'我'。我所有的小说其实都是成长小说，写成长的历程，就是一个人对社会的了解，对世界的了解，这些东西就是我最想传播的。因为我特别像普通人，我觉得这个成长过程可能很普遍，包括你小的时候，愚蠢的时候，还有长大以后不甘心的时候。我特别同意俄罗斯畅销科幻小说《地铁 2042》里的观点：小说都有两个东西，一个是苦涩的药片，一个是外面的糖衣。像糖一样甜蜜的味道，很快会让人忘记；只有苦涩的药片，才可能让人不断地去回味。"

原文刊于 2014 年《时尚芭莎》
4 月下刊"魅力先生"，本文有补充改动

［ 江南的倔强语录 ］

"永远不要试图在别人的悲剧中获得自信心。要甘于在自己的职场上做那个还不够好的人，跟那些比你强的人交朋友。"

/

"没有幻想小说是纯粹的幻想，它反映的仍然是现实世界中应该有的社会性、逻辑性、准则，都是一样的。"

/

"你什么时候觉得这事我想做，我要做，但我要承担责任的时候，那你就是成熟了。"

/

滕华涛
［人生需要"不瞎"的折腾］

作为"导二代"，曾经的他作品比人红，而真正将他带入大众视野、引爆圈内外关注的，还是他由小说改编的小清新电影《失恋33天》，这是他继《双面胶》、《蜗居》后再一次携惊喜给行业带来的冲击。从电视剧到电影的十年征程，他在坚持，也在等。"能等到机会的不是别人，而是那个看清自己、不瞎折腾的真我。"

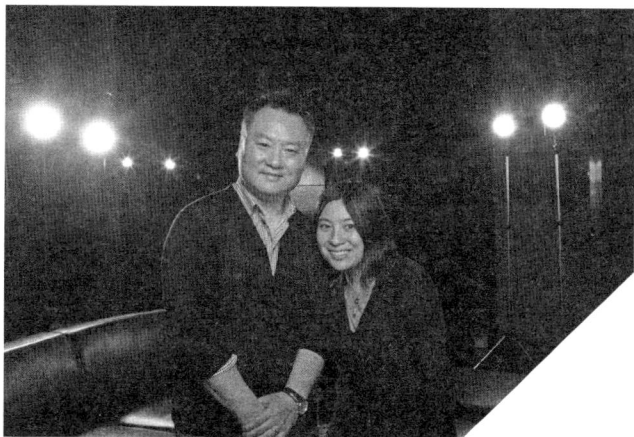

滕华涛看上去是可以静静"等风来"的人。

在 "模拟电视剧拍摄现场"对准他的镜头前，滕华涛手足无措。"确实不擅长干这事儿。"他对我笑笑，圆脸上萌态顿生。

与完美世界影视合作源于四年前，滕华涛自己不光是投资人，也是金字招牌，这从他导过的剧目名字就可知一二：《双面胶》、《蜗居》、《王贵与安娜》、《裸婚时代》、《浮沉》……当然，还有著名的黑马电影《失恋33天》和《等风来》。

《等风来》上映当天，他发了一条微信："今天电影首映，发张当时在博卡拉＃等风来＃时候的照片。"照片上的他头戴墨绿色盔帽，望向镜头的眼神不疾不徐。

而电影的开放式结尾被诟病颇多。无论是对爱情，还是对当下，都没有给出解决方案。但或者，人生有可能性总是好的——老年人缅怀过去，年轻人才憧憬未来。

从电视剧导演到电影导演的十余年征程，他借片中人物说了八字真言："别瞎折腾，没什么用。"

他在《等风来》一稿定剪时曾写道：

"我好像跟王灿和程羽蒙一样，悟到了什么，但又没完全参透……

"所以，无所谓啦，让我们静静地，等风来……

"所以，我们都没变，你懂的……"

这才是真谛——"风"只是一个机会，能等到机会的不是别人，而是那个看清自己、不瞎折腾的真我。

这也是滕华涛自己的人生。

"你十年前最痛恨的那一类人" /

从《失恋 33 天》、《浮沉》到《等风来》，85 后鲍鲸鲸和 75 前滕华涛一直是拍档，看上去也将继续。

"我有长期的阅读经验，对于我自己喜欢拍的和能拍的故事与题材，我有一个非常清楚的判断。"滕华涛回忆道，"看《失恋 33 天》小说之前，我还是觉得太奇怪了，谁会写'失恋'这么一个又个人又丢脸的事儿呢？看完我发现我特别喜欢她的风格和角度，她没有把它写成一个悲悲切切的事情，她在自嘲的同时清晰地把身边所有人的故事都写得活灵活现，而且一看就特别年轻。"

"其实程羽蒙是一个升级版的黄小仙，如果黄小仙是进入社会一两年，程羽蒙就是五六年。我觉得这类人可能比黄小仙更具有普遍性，但可能正是你十年前最痛恨的那一类人。"滕华涛说出了自己的解释，"每个人其实都希望自己是黄小仙，也许她现在已经是程羽蒙了，但她记得自己曾经是黄小仙。黄小仙更有观众缘，那是因为，很多人看到程羽蒙时是在照镜子，然后心在流血。"

"我不是说不喜欢悲的，《蜗居》其实就是一个悲剧。"他补充说，"我不喜欢矫情的，可能就应该这么说。"

鲍鲸鲸遇到接地气的滕华涛，是如此幸运。他理解她的世界，欣赏她的真实，他没有，也不会让她变成自己十年前最痛恨的那一类人。

鲍鲸鲸坦承"还没想过要给滕导之外的人写故事"。她说了自己和一些圈内人见面的故事，其中有一次被制片人质问："就算我们不合作，但是，鲍鲸鲸，你回答我一个问题。电影是什么？是梦啊！电影是梦啊！你连做梦都不敢了吗现在？"

那天之后，《失恋33天》对鲍鲸鲸而言，"算是一个彻底的结束"。然后，她在三年后的《等风来》里做出了对自己的反省："从什么时候开始，我没有梦想了，只有愿望？"

《等风来》最让人动容的场景之一，是倪妮饰演的程羽蒙蜷缩在草地上，一字一顿，句句切齿："我把名字改成'程羽蒙'，是在两年前。羽蒙，是《山海经》里的一种怪物，长着人形，却又生着一对很短的翅膀。能飞，却飞不远……总是摔下来，总是惨败。这正是我。这么多年里，当我装模作样只为了让别人高看我一眼，当我成为了自己年轻时瞧不起的那种人时，我需要有人喊我一声，哎，程羽蒙。"

"我没有一个所谓的安全模式"/

2005年，华谊签下滕华涛，交给他一部当时流行的类型题材——爱情惊悚片《心中有鬼》，结果惨败。

后来他如是说："作为一个导演，我为什么要拍这样一个电影？我都不知道我干吗要拍的话，观众为什么要花钱去看呢？投资人往往希望能够永远找到那个安全的模式，但是其实电影和电视剧都没有一个安全的模式。至少，对于我这样的导演，我没有一个所谓的安全模式。"

此时，电视剧的"滕家班"买到了六六的小说《双面胶》。"那时我就已经确定了，这个我就不这么在所谓的安全模式下玩儿了，再这么玩儿下去，我觉得就给玩死了。"

和那些"岁数大了，电影拍不动才转拍电视剧"的人不同，这位鲜为人知的"导二代"一开始在电视剧圈就是个异类。"我父亲是一个性格特别开朗、特别能说的人，和更喜欢通过文字感受世界的我不一样。我们家的环境也比较宽松，他们从没有说什么事你一定得干，什么事一定不干，是这样的一个氛围。"

也正是在这样的氛围熏陶下，毕业于北京电影学院的滕华涛导演了实验电影《一百个》。影片的最后，一个长达 4 分 30 秒的长镜头描述了两个年轻人的奔跑，被评论为"是抓贼的奔跑，也是青春的奔跑，更是理想的奔跑"，"作为一名电影新兵，他的首部作品就是一份完美答卷"。

正当人们以为他将要接棒父亲，凭处女作跃升大银幕时，他却转身进入了电视圈。

"1995 年大学没毕业就开始拍电视剧，但其实我从自己独立拍第一部电视剧的时候，就没有太按照圈内人的方法拍。" 在 2005 年之前，滕华涛说：
"尝试各种题材的，警匪的也拍，偶像的也拍，也挺好玩儿的十年。"

正是这十年，将他作为导演层面的各种技术磨砺得稔熟。

"我坚定地维系了我的原则，就是我有一个好故事，然后我必须自己挑合适这个故事的演员，不管任何人说的谁卖钱，谁不卖钱——只有合适我这个故事的，我才启用。" 这一从《双面胶》试验成功且坚持下来的原则，在后来的年度热门电视剧《蜗居》和年度黑马电影《失恋 33 天》中大放异彩。"好多人觉得《失恋 33 天》是一个横空出世，其实完全不是，对于我来说，这是一步一步通过我们的方式去把自己的这样一个模式实验成功的。我们准备得太充分了。"

事实上，从电视剧到电影导演，滕华涛不断跳脱安全模式。"其实拍完《蜗居》之后，所有的电视剧要表达的东西，我觉得已经到头了。《蜗居》时，让我特别恐惧的一件事，就是你突然发现最终完成的那个东西可能比你原来想的那个还要好，它已经几乎没有任何遗憾的地方，我的浑身冷汗其实就下来了。"滕华涛说，"那种感觉，完全就像爬山已经上了山顶了，接下来就是特别痛苦的抉择：要么在这儿空耗着，赚现钱，一般来说第二步会跌得特别惨；要么就是咬牙再去做个新的，比如说——再去拍个电影。"

滕华涛在《等风来》里爬上了第二座高峰，就连天意也为之动了容——在尼泊尔的高山上争分夺秒地拍摄"等风来"这场戏的时候，一只鹰划过万道霞光，悠然而自由地翱翔。凌晨五点，天蒙蒙亮，这只横空出世的鹰仿佛号角一般，红日喷薄而出，洒在美丽的鱼尾峰上。

"这部电影让我体会到了一种前所未有的尽兴。"滕华涛说，"感谢《等风来》，感谢它带给我的困难，因为我从困难的尽头总是看到绚丽的曙光。"

原文刊于 2014 年《芭莎男士》2 月刊

"都市游侠"，本文有删节改动

[滕华涛的倔强语录]

"我不是说不喜欢悲的……我不喜欢矫情的，可能就应该这么说。"

/

"投资人往往希望能够永远找到那个安全的模式，但是其实电影和电视剧都没有一个安全的模式。至少，对于我这样的导演，我没有一个所谓的安全模式。"

/

"我坚定地维系了我的原则，就是我有一个好故事，然后我必须自己挑合适这个故事的演员，不管任何人说的谁卖钱，谁不卖钱——只有合适我这个故事的，我才启用。"

/

陈文令
［九死一生后，我选择宽恕］

一段受创的往事，究竟可以支撑一名艺术家走多远？

和女友在鼓浪屿谈分手，却突遭三个歹徒持刀抢劫，身中20多刀，九死一生，才得最终活命。15年后，他选择走到残酷的真相面前，用永恒的艺术，在宽恕别人的同时，将自己从一个不见天日、名为怨恨的黑窟窿里解救出来，这就是陈文令。

这是一件悬于空中的1.5吨大型雕塑，一个赤裸肉体的男人在鲨鱼、河马、鳄鱼组成的凶恶生物链末端苦苦挣扎，让世人抬头仰望。

作品取材于他本人死里逃生的真实经历。

1996年3月22日厦门。陈文令和女友在鼓浪屿约谈分手，却突遭三个歹徒持刀抢劫，他双手手腕动脉被砍，身中20多刀，至今大部分手指的第一关节残废；女友脖子被一刀重伤，气管露出。在失血昏厥前，他用最后力气爬到路边向路人求助从而获救……

那一年，厦门共发生十起恶性案件，死了13个人，只有"3·22恶性伤人案件"中的陈文令及其女友生还，当时的《厦门日报》用一个红色标题对他们的故事作头版报道：《难能可贵的自强与自救》。

谁也没有想到，身为知名艺术家的陈文令会在2011年回溯血案，回访案犯，并捐赠十万元给当地学校以"宽恕"之名设立了扶贫的"挂悬基金"。他想做的是艺术家，不是一个英雄，所以事发这么多年后他执意要走到残酷的真相面前，这是他作为艺术家的特权。

虽然我不相信大多数当代艺术家，也怀疑当代艺术的意义，但陈文令是个例外。跟访他回溯血案之旅足以让我相信，他，这样一个多灾多难超出凡人之人，对"伟大"与"深刻"的探讨并非虚妄之言。

宽恕之旅 /

"宽恕什么？为什么宽恕？"这是我在同行伊始便提出的问题。

作为一场人性灾难的生还者，难以释怀、刻骨铭心、痛彻心肺……这些都可以被谅解与了解。但是，宽恕？宽恕残酷，宽恕耻辱，宽恕孤独，宽恕贫苦……只因作为生还者的陈文令如今已经远离这一切，用岁月和财富赢取了"宽恕"的权利？

而陈文令早就在寻找类似的"宽恕"经验，他重拾了2000年一则震惊中国的新闻：江苏四个失业青年潜入南京一栋别墅行窃，并持刀杀害了屋主德国人普方（时任中德合资扬州亚星——奔驰公司外方副总经理）及其妻儿。案发后，四名18至21岁不等的凶手随即被捕，后被判处死刑。但普方的母亲从德国赶到南京，作出一个让人觉得不可思议的决定——她写信给地方法院，表示不希望判四个年轻人死刑。

最终，死刑的判决被维持，但同年11月，在南京居住的德国人及其他外国侨民设立以"教育，成就一生"为主旨的"普方基金"，用募集到的捐款为苏北贫困家庭的孩子支付学费，延续至今。

"德国没有死刑。"普方的母亲解释，"他们的死不能改变现实。"

这则新闻让陈文令意识到，这是西方信仰体系对人性尊重的结果，而他作为一个当代艺术家，唯一的信仰就是艺术——这是他做出"宽恕"的理由。

"我想说，艺术不是玩物，而是人寻求解放的出口。"他这样告诉我，"这次返乡不是表演，而是考古……很可能是令人失望的，但任何结果我都接受。"他向我们袒露自己的脆弱："与其说当代艺术解放的是天性，不如说是人性，人性善恶则往往在一念之间……过分的善意不会被接受，但我想知道，人与人之间的理解，是否可以通过我的宽恕、他的了解来构建？"

当年三个涉案罪犯，一个被枪毙，一个畏罪潜逃，一个判刑 20 年并已释放，他们均来自福建顺昌。在顺昌县政府，顺昌县宣传部部长接待了我们。但当陈文令表明来意后，情势变得微妙起来。"这当然是……一件促进社会和谐的好事。"宣传部长在袅袅升腾的烟圈中缓缓说道，"但，作为地方干部，我们也不得不考虑受赠师生的心情。如果你是这个学校的校长，你会不会接受这份因为曾有污点学生而获得的资助？"

全盘寂静，所有人像提前来到另一个审判法庭。直到一旁的教育局局长开口："我们觉得有一个比案犯母校更合适的受赠方——我们的顺昌正生书院，主要招收孤儿和父母双残的特困家庭子女，包括劳改入狱人员的孩子。"

"走吧。"陈文令几乎没有什么犹豫地起身。

在出门上车的一瞬，下起了瓢泼大雨。

事后，陈文令承认自己当时"质疑这种善举的真诚"，但他接受的原因是：

"既然已经决定跨出这一步，就要接纳所有为此可能需要付出的代价。"

善举之后，他得到一个重要消息：当地政府联系上了一名案犯的家——判刑 20 年的肖和铭。

仅此我救赎不了自己的灵魂 /

案犯的家距离县城还有 20 分钟车程。在村口，我们提前下车，疾步前行。南方的空气中弥漫着罕有的紧张和干燥。陈文令走在乡间小路，沿途是雨后青葱的农田，夕阳西下，投射出他一米八一的黑色背影。

他总是很轻易地让我想起《新世纪福音战士》里的主人公，一个天真的战士——他坚信，人生不能只是逃避。"要是自己不先踏出一步，什么都不会因此改变……"他就是这样说服了所有人，包括不安的自己。他已记不得案犯的样子，只记得曾经"想报仇，想把他剥皮"的仇恨。

村支书恭敬地等在村口，简要地描述了肖和铭家的近况：肖和铭 2007 年提前释放出狱后去厦门打工，去年 3 月遭遇车祸，脑神经被压迫导致双手丧失劳动能力；其父亲患有严重水肿，种田维持生计，不到 1 米 5、患有严重白内障的母亲卖纸为生。

决定回访后两年期间，陈文令曾在数个夜晚辗转反侧，想象与罪犯再相见的场景，但眼前典型的贫穷中国农村家庭现状让他沉默，直到最后，肖和铭回来了。他剃着寸头，精壮瘦小，面对摄影机和摄像机，他没有回避与躲闪，但也绝非配合。

这个狭窄的屋子拥挤得像是要在铁罐里点燃炸药。陈文令站到门口，猛吸了几口烟，以调整这混沌的气场，并最终决意要和在门槛上站成一线的这家人展开一场对话。

毕竟，这是此行最重要的意义所在。"我想见到并宽恕这三名歹徒，是因为我想救自己。其实我一直都不知道，这个回访和救助的过程意义是否存在……我一直怀疑，而且我一直不自信，这种情绪一直蔓延到之前在书院的捐赠仪式。我不能够满足此行仅止步于此，仅此我救赎不了自己的灵魂，这将会是一场耻辱的回忆，我将不断愧对自己的良心。"他在之后回忆整个过程时对我说。

我试图宽慰他，他在这件事情上没有良心上的问题，只能说他是自己给自己设置了一次灵魂上的挑战。

和肖和铭的对话依旧困难艰涩，在简短的对话后，陈文令留了一千块钱给肖家，没有提及自己受害人的身份。从肖家出来后，他显得异常茫然，我立刻与他展开一场紧锣密鼓的对话，因为我想知道此刻他在想什么。

"没想到我们没有宽恕他，法律没有宽恕他，天灾人祸也没有宽恕他。"

"你觉得他有认出你来吗？"

"他不会想到，我也不想多问这个事情。我觉得问了会显得不够宽容，像是专门跑来当面谴责他。今天比我想象的好，比我想象的值得来，这种特殊家庭的真实生活现状太惨了，他们值得宽恕。"

"所以因为他们的贫穷，你的宽恕变得轻易了？"

"不，一点也不，因为原谅他也是拯救我自己。如果我一直仇恨他，我自己逃脱不了，这也是一种苦难。这些年，我一直觉得我救赎不了自己的灵魂，我觉得我的灵魂永远跟苦难缠在一起，永远纠结不清。这样的我不幸福，像身处一个黑窟窿里。直到我自己决定进行宽恕，更难得我今天能够面对他，我感觉我的精神像洗过了一遍一样。"

"可是如果你不是身处今天这样的地位，拥有足够的财富的话，你能够做到这一点吗？"

"也许不行吧。但是我觉得有时候比起财富，苦难是一个对男人最好的学校，当然我不能说感谢这种经历，但这种经历可能也是提升我生命价值和纬度的一个客观条件。"

"无论如何，做这样一件事情需要很大的勇气。"

"我觉得'勇气'是作为一个艺术家最基本的素质和条件。"

虽然 "杀人偿命" 这项古老准则在中国法律的庇护下得以实施，让越过底线的人为他做过的事付出代价，但法律真正惩罚的是一个人做过的事，而不是他这个人，更不应该是他周遭的人和他之后的人生。

谁都可以埋葬过去，重新开始。怀抱信仰，怀抱曾经相信的自己，怀抱曾经怀抱的希望，这是人的特权，也正是宽恕的真正意义。

得出这样的结果，也意味着这场救赎之旅到此终结，但令我们都没有想到的是，经过一夜修整的陈文令，在第二天早上再次独自去往那个山村的贫穷家庭，再次挑战宽恕与人性的底线。

陈文令最终对肖和铭坦承自己就是当年的受害者，肖和铭愣了许久，讪讪地说了一句 "重新做人"，而他年老的父母在旁边羞愧地背过脸去。直到最后所有人离去，只有肖和铭年迈的父亲伫立在门口，盯住镜头，久久未曾挪移——那是一种像火又像灰的目光，满是贫穷却保留着未被粉碎干净的尊严。

让我们重新开始 /

刚在宽恕行为中得到自我解救后不久，2012 年 3 月，在西澳雕塑展上，陈文令一件参展名为 "童年——早晨" 的雕塑品在珀斯海滩被盗，价值 6.5

万美元。就是在这个异国的海滩展览上，一个千里迢迢从北京工作室漂洋过海来到此地的"红色男孩"被生生分成了两部分，折断的足部残留原地，上半部分被全数盗走。

表面上看，这是一起简单的案件，根据闭路电视警方仅一天就找到了小偷。两个二十出头的年轻人酗酒，以及本应保护海滩雕塑的保安松懈，共同致使了盗窃案的发生。但因为对象是中国人陈文令的艺术品，让一切情势变得微妙起来，最终上升为了政府行为。

"这件事让澳大利亚人极其尴尬和愤怒。我花了很多时间来解决这件事情。最终的解决办法是，举行公开向陈文令道歉的仪式，州长也亲自给陈文令写信道歉——代表一个州。"雕塑展一手创办人的 Sculpture by the sea 基金会总监 David Handley（以下简称"大卫"）说。他还告诉陈文令，那两个肇事的男孩现在都背有 7 年内不得消除的犯罪记录，事发后，两个男孩在媒体上被曝光和谴责，一个失业，一个失恋，无疑，这场犯案将在三十岁之前对两个男孩的升学、找工作和出境产生巨大影响。

2013 年 1 月，在陈文令的坚持下，大卫带他到作品被盗的那一片海滩。据悉，当日两个男孩拖着被偷的雕像上台阶，一路红漆刮地，现场如血触目。"红孩子好像代替了我的魂在异国遭罪受难，让我仿佛面临多年前血案的场景重现。"他在日后对我回忆说。第二日，陈文令携全家如期接受西澳政府的当面致歉，以"Donating（贡献）"之名将一件新的雕塑永久安放于珀斯海滩，并撰写宽恕书彻底免除了年轻肇事者可能面临的牢狱之灾。

"这件事我觉得挺好的。生命厚度的积累让人心变得更淡定。我今年四十三岁,接下来的十年是我是否成为国际化艺术家的关键十年。田园型的艺术家已经不适合这个信息大爆炸的时代。"陈文令说,"我想用自己所经历的灾难,尽我一切所能挖掘人性的美好,让人觉得有希望。"

被这一场"异国悬案"勾起回忆的绝不止陈文令一人。

那一晚,陈文令的妻子黄珊丽一直紧紧挽着女儿田田的手。"澳大利亚的路就像厦门鼓浪屿的环岛路。"她一边说,一边不由自主地抚了抚脖子正下方的疤。"以前表面是大片的黑紫色,里面是死肉。坐公交车、走在路上总被人问,后来回答烦了我就默认是甲亢。"那是一个三角形的疤痕,正是血案永恒不灭的留念。

那场血案是陈文令心中不灭的情感黑洞。"艺术家就像一个开采的矿工,从内心一直挖掘,挖到没有的时候,你会一层一层往外挖。"

作品《悬案》充满了伤害与被伤害、制衡与被制衡以及生死、轮回、宿命的隐喻,不仅促成了他返乡溯源血案的艺术行为,也是他献给 2008 年 7 月去世的父亲的祭奠。

"我和父亲最后的对话是——我说爸,我要去北京;他说,你放心走。我最终没有能够赶回来为他送行。"陈文令在《悬案》开幕式上回忆此事时曾泣不成声,"一和我说完话,我爸就把眼睛闭上了。我爸就是很努力地把眼睛睁开,看了我一眼,只一眼……"

陈文令未能为父亲送终，恰如父亲当年也没能够看着儿子陈文令出生。因为修铁路买炸药，这个地主破落户的后代被当作反动分子关了四个多月，回来一看到陈文令就泪流满面，觉得亏欠。他给儿子定下的人生道路是：靠技能吃饭。"我爸老和我说，你要画遗像，画门神，画佛像。家有良田万顷又如何，我们家祖辈最有教训，一夜之间一贫如洗。"陈文令回忆说，"我到现在还能闭着眼睛，在冥床里面画牡丹花。"

　　陈文令去中央美院的前夜，父亲破天荒地去买了一个裹着圆筒的大烟花来放。"他叫我不要担心家里面的事。"

　　绘画给了陈文令人生最初的尊严和荣誉感。至今在家乡村庄的墙上，还能看到"令师傅"画的长寿鹿鹤等民间吉祥图案。"这种荣誉真的是一缕阳光，很多很多温暖的阳光照耀到你的心底，就让你能够去面对所有的苦难，所有的歧视，让你的心可以走到更远的地方去。"

　　在陈文令之后的人生漫途中，有过许多缕穿透阴霾的阳光：收他为徒的县城老师，启发他从木雕开始转行雕塑的老乡，1993年的上海罗丹雕塑展，鼓浪屿大树下给他的"红色记忆"当模特的活蹦乱跳的孩子们……

　　当然，还有爱情。他14岁的时候认识的她，他们差四岁，一起读美术班，大年夜他还在勤奋苦读、练画，她给他送加餐，用大杯子装着面条。他先考上厦门工艺美院，她后考上，她父亲便托他照顾她。后来陈文令常开玩笑说"黄珊丽是她父亲送给我的"。

但因为门第，她的父母一直不同意他们在一起，直到谈分手那天发生的血案。

被抢后，她每晚下班上下斜坡时都会害怕，总是抑制不住地回头看，害怕有人背后突然袭击，像以前那样被卡住脖子。陈文令就每天在码头接她回家，直到他们结婚，有了共同的家。

也不是没有吵过架。最厉害的一次，她误解他外面有人，他辩驳无力气极之下对着电视屏幕砸了一只烟灰缸，飞溅的玻璃伤了手。田田至今清晰地记得早上起来看到他鲜血淋漓的伤手时那种惊慌的感觉，但她记得更多的还是"妈妈告诉我，小时候爸爸老偷看她跳橡皮筋"。

"心中有爱，就还好办。爱情是最实际的东西，生命也是。它们都是马拉松，最难的是不断有爱的心。"陈文令总是这样说，"知道悲剧是什么的人，才懂得真正的乐观。"

原文刊于 2011 年《芭莎艺术》9 月刊"独家特稿"
和 2013 年《ElleMEN 睿士》6 月刊"大访谈"，
本文有删节改动

［陈文令的倔强语录］

"我觉得'勇气'是作为一个艺术家最基本的素质和条件。"

/

"艺术不是玩物，而是人寻求解放的出口。"

/

"心中有爱，就还好办。爱情是最实际的东西，生命也是。它们都是马拉松，最难的是不断有爱的心。知道悲剧是什么的人，才懂得真正的乐观。"

/

林怀民
［天意眷顾倔强的人］

鲜有人知，林怀民文字出身，且颇有成就：14岁发表作品，22岁出版小说。谁也不曾想，他会在政大新闻系和留美英文系毕业后转身投向舞蹈——其父出言警告："跳舞可以是乞丐的行业。"林怀民的回答是："我知道。"弃文从舞，林怀民走了一条很长的路，直到云门舞集。关于这一切，林怀民说："我们都倔强地相信：年轻人是可以'变天'的，天意眷顾倔强的人。"

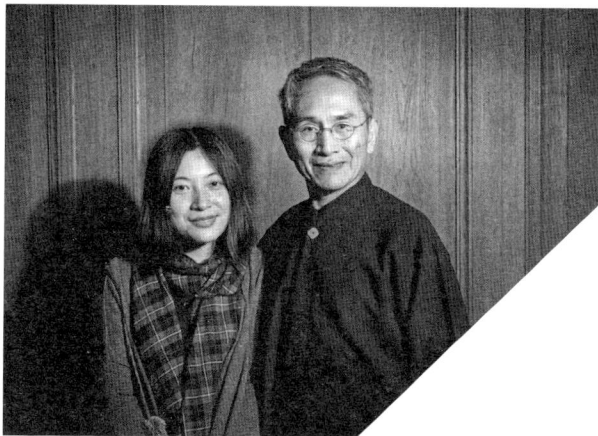

"无论成否，最后一跳。"

第三次起跳前，一直端坐在镜头后的林怀民突然跳下来对我和摄影师说。

总统套房吊灯耀目，餐具闪闪，落地窗外则是外滩阴霾翻滚的水天一色。在这样的天光与背景下，巴西舞者艾德瓦多·福岛（Eduardo Fukushima）一次次从暖气片高台上跳下来，舒展，精悍，专注。

这不禁让我想起他在大陆广为人知的另一"跳"。2007年，林怀民率领云门舞集在北京最好的剧场里演出《流浪者之歌》。因为中途有人拍照，闪光灯亮起的刹那，林怀民跳上台去，拉幕宣布演出中止，重申禁止拍照的规矩后，才重新启幕重来。

此刻，林怀民显然比福岛自己更关心他的身体："不能逞强再跳了，明白了吗？"他拍拍这个去年6月入门的徒弟的肩。

"阿杜的膝盖经历过粉碎性骨折。"林怀民的语气温和，然而不容置疑，眼前这个拥有意大利和日本血统的舞者并不高大英俊，四肢亦不修长，但却是林怀民经过层层全球选拔，亲自在候选者里选中，本年度唯一舞蹈类门生。

神的孩子全跳舞 /

去年 3 月，英语和汉语都是零基础的福岛飞到台湾面见林怀民。

那个傍晚，福岛在云门舞集全员的面前表演了一段独舞。林怀民的评价是四个字：让人落泪。舞姿超越了语言——或者说，舞蹈本身就是最好的语言。

"他的身体，不像一般舞者的身体，也不是一般舞者的训练……他的作品非常地强悍，那么独特，个性倔强而勇敢。看他的舞蹈——他肯定是很脆弱的，只是他自己未必知道。"

但林怀民显然知道。很可能，是因为经历的相似。福岛不是专业舞者出身，虽然他"从小喜欢舞动身体"，母亲也是业余舞者，但因为父亲的反对，他从 5 岁起只成为了一名技巧体操运动员。随着 14 岁那年其父的英年早逝，直到 19 岁他才接触到真正的舞蹈。

福岛坦言："19 岁这个年纪才初学，对舞者而言可能有点老了，但我发现自己就是喜欢在地板上做各种舞蹈动作，我心底一直有个声音在欢呼：跳舞，跳舞，跳舞！"至今，福岛的英语表达依然有限，我不清楚福岛是否知道，林怀民也非科班舞者出身，家父反对的经历与他如出一辙。

鲜有人知，林怀民文字出身，且颇有成就：五岁半因为太爱发问，被幼稚园老师赶去提早上小学；联考前，别人拼命补习，他废寝忘食写小说；14

岁在《联合副刊》发表第一篇文学作品《儿歌》；22岁服军役时出版小说《蝉》。加上台湾地区首任嘉义县"县长"儿子的出身，他无疑是在高度注视中长大的孩子，谁也不曾想他会在政大新闻系和留美英文系毕业后转身投向舞蹈——其父出言警告："跳舞可以是乞丐的行业。"林怀民的回答是："我知道。"

事实上这并不奇怪，文字或是舞蹈，都是年轻的生命急需寻找到的表达自我与志向的方式。在《蝉》里，林怀民描写的一群"在明星咖啡厅、野人酒吧、圆山育乐中心、台北新公园"——这些六七十年代现代主义青年的精神堡垒中，虚度光阴、消磨青春的青年男女，正印证了他当时的迷茫和心底的决心。

从5岁起，他把《红菱艳（The Red Shoes）》痴迷地看了11遍起就知道，留学时辅修艺术以零基础首次编舞《梦蝶》惊艳老师时更知道：舞蹈，是他体内无法回避的能量。

"对我来说，舞蹈比文字更本能。"而离台赴美，亦让22岁的林怀民看到了一个新世界： 1969年50万人大聚会的伍德斯托克音乐节、1971年的保钓游行、反战运动、嬉皮士流浪……这，是一个爱情与自由沸腾而成的新世界。

1972年，林怀民拒绝了自己的舞蹈老师的盛情邀请，坚持回到了台湾。电话里，老师对他说的最后一句话是："回去，去把台湾舞起来，再见。"次年，他回到还在戒严中的台湾。回来的第三天，他参加一个朋友聚会，所有人都在抱怨艺术界的死气沉沉，直到一个女孩子叫起来："你们这些男生无聊透了！"夺门而去的举动把林怀民吓了一跳。面面相觑中，有人向他提议："你不是说从美国回来是要做点事吗？做个舞团吧！"——这就是云门舞集的起源。

他即刻请朋友寄来著名舞蹈家玛莎·葛兰姆和乔治·巴兰钦的传记，日夜捧读，开始摸索一条从未有人走过的民间舞团之路。五年后，他的第一部作品，以台湾历史为题材的现代舞作《薪传》上演，一个熟悉的声音跳起来喊得声嘶力竭——正是那个当日夺门而去的女生，她已经浪迹天涯，换过了名字：三毛。为他喝彩的三毛、为他伴奏的罗大佑、被他感染的赖声川……林怀民和他们一起，创造了台湾省全面解禁前的艺术黄金期。

"那个时候，我觉得自己就像是大陆《人民画报》上文革时期的赤脚医生，为人民服务，我被他们感动，"林怀民对我深情地回忆说，"我们都倔强地相信：年轻人是可以'变天'的。"

人生何处无祭奠 /

天意眷顾倔强的人。

弃文从舞，林怀民走了一条很长的路。

走上哪条路，一是天分，二是天意。但相比这两者的可遇不可求，更需要明白的或许是：倔强不代表杜绝脆弱。

林怀民脆弱过。1975 年，林怀民在巨大的经营压力下，第一次试图解散云门。直到一个多风的夜晚，他无意间探访久未踏足的练舞所，为两个留守的女孩授课。他在自述里这样说："教着教着，我发觉自己兴奋起来。下课后，舞者们趴在地板上喘息。我要离去时，她们坐起来，静静地说：老师，谢谢你。我冲下楼，在无人的黑巷里狂奔。流着泪，我记起玛莎·葛兰姆的话：我没选择成为舞者，是舞蹈选择了我。"

俞大纲是云门的贵人。这个戏曲和古曲诗词大家，在 1975 年秋天云门意欲关门时伸出援手，帮助林怀民找到周转资金，更是点醒林怀民的恩师。他在午夜的电话里苦口婆心："云门是一个新的开始，不能刚开始就放弃。你还年轻，只要坚持下去，吃再大的苦头，总会看得到它成熟，总会得到安慰……你不许关门！"1978 年，俞大纲心脏病发去世，2011 年，林怀民在自己著作的扉页上写：献给俞大纲。

如果说第一次的脆弱，是尚未成功时的蹉跎，那第二次的脆弱，则来得更为惊心动魄。

2008 年，云门八里排练场，大火如同潮水，舞蹈道具全数焚毁，数十载心血积累，一朝灰飞烟灭，留给林怀民的，仅有《九歌》的寥寥面具。

《九歌》是林怀民事业的另一个分水岭，它是 1988 年林怀民解散云门、历经三年 Gap Year 后的复出之作。"我用了 20 年的时间把我脑海中的文字洗掉。"林怀民说，"从《九歌》开始，我走出了文字的束缚，开始真正为舞而舞。"

舞蹈无疑是一种仪式，能逼出人心中诸多的鬼魅和魂魄。《九歌》中有这么两个贯穿全场的意象，一是一名身骑单车的白衣人如风驶过，回头张望，二是一位面无表情的黑衣人手拎皮箱，目不斜视。《九歌》的演后谈里，数人问起那两个意象的意义，林怀民说得最多的只是：谢谢大家和我们在一起。我相信，他的脑海中必定涌过影像万千；而浪迹半生，那两个身影就像是祭奠曾经的自己。

他在说明书里写：众生必须无止境地祭奠，因为"神祇从未降临"，众生的苦难只能由众生自我救赎。

2008年的这场大火，便是最现实的自我救赎：大火不到一个月，各界自发捐款上亿，云门绝处逢生。

《九歌》之于林怀民，有两件事让他难以忘怀，一是1994年，编舞完成后，他去到印度，乞丐如同潮水一般涌过来，他想起父亲"跳舞可以是乞丐的行业"的旧语，却下了云门"利益众生"的决心；二是2008年的大火，他怀疑是神灵启示，身为佛教徒的他更惊觉人生"如梦幻泡影，如露亦如电"。

于是，在云门四十周年纪念的那一年，林怀民选择了《九歌》作巡演。《九歌》上海开演前，他在公馆外宽大的露台抽烟，巨大的感怀再次如潮水般席卷而来。"我写小说的时候，是一个惨烈文青，那时就觉得25岁一定要死，那才完美。"

如今的他回首，笑看 29 岁的徒弟完美下腰，横倚在栏杆之上留影，喧嚣而又寂静，身下，整条黄浦江奔涌向前。

这一年，云门四十年。

一代又一代舞者，昔日的玛莎·葛兰姆之于林怀民，正如今日的林怀民之于福岛。"去年 6 月我刚到台湾的时候，老师就告诉我，你必须要坚强——艺术家的生活总是大起大落。"福岛说，"他给我的第一个任务竟然是远足：从花莲徒步走到太鲁阁公园，然后再登上一座山的顶峰。我顶着酷暑走了八个小时。"

"他那条路我走过的，我走了一个礼拜，比他走得更远。"林怀民说，"从台东到花莲，横贯台湾，我 15 岁时就走过。"

"其实我常常怀疑，写作和舞蹈之类的事情……是可以传承的吗？"我问。
"和他在一起，提醒我想起了很多事情：关于年轻的倔强，关于年轻的不怕死，关于年轻的容易受伤……"林怀民没有正面回答我，"这些对我来讲都已经非常遥远。"

"任何一个年轻人都可以做到'提醒您'这一点。"我提醒他。

"但是倔强，一定要倔强。"林怀民说，"这才是我选人的要求。"

最后在我脑海中掠过的，是他自传里名为《执迷与启蒙》的结语："如果幸运的话，也许触动了某个容易执迷的年轻人，引发他异想天开的憧憬，像邓肯、葛兰姆……那样震动我的灵魂，像俞大纲老师那样把着我的手，给我重大的启蒙。"

从不懂舞蹈，到创立华人文化界最负盛名的舞团，林怀民用了整整四十年。四十年，已是人生过半，只是，这样的执着，甚至执迷，又有几人能始终做到？

原文刊于 2013 年《ElleMEN 睿士》4 月刊"大访谈"，本文有删节改动

［林怀民的倔强语录］

"我们都倔强地相信：年轻人是可以'变天'的。"

/

"我用了 20 年的时间把我脑海中的文字洗掉。从《九歌》开始，
我走出了文字的束缚，开始真正为舞而舞。"

/

"作为艺术家的我之所以还活下来，因为我总在争取保护那个很
孤独的自我。一个艺术家最害怕的就是热闹，你一定要有孤独的时候。"

/

乌尔善

［我的作品不是东方魔幻，而是一则寓言］

这是让人惊奇的事实：票房过 7 亿的《画皮 2》不过是乌
尔善执导的第二部电影，而其处女作《刀见笑》则是 20
世纪福克斯国际制作签约并全球发行的首部华人电影。从
好莱坞新宠到华语电影最高票房纪录的创造者，堪称创造
了新导演晋升速度奇迹的乌尔善，他究竟有什么魔力？

2012年6月,《画皮2》全国公映,单日过亿,最终以黑马之姿破七亿票房,刷新了华语电影有史以来的最高票房纪录,也打破了"续集电影不如首部"的业界预言。

　　这样的成绩让长相很导演的乌尔善看起来更像是一匹黑马。四岁从内蒙古移居北京,至今还保留着游牧民族的本质,黑衣、银饰、耳环,视成吉思汗为精神偶像之一。

新画皮下的真心故事 /

　　这是一个很豪气的故事：乌尔善拿着 20 万现金找曾获茅盾文学奖提名的小说家冉平，让他写一个八千字的电影故事大纲，不要收条，只要一个主题是皮与心的好故事。

　　在事事求利益的当代，冉平是被乌尔善的诚意打动的。也许没有人比乌尔善更能身体力行地印证这个道理：其实人本来就不够高级，所以比较重要的就是一点诚意。

　　乌尔善喜欢原著蒲松龄小说对"皮和心的设置"：一个厉鬼披着一张美女的皮去欺骗一个好色的书生，掏走了他的心，书生的妻子去向道士求救，应其要求吞下其痰后重新吐出人心救回书生……这样一个残忍故事，却让素来喜爱寓言的乌尔善觉得很有魅力。"西方哲学体系的精神与肉体，在佛教里就是心与相，是东方经典故事里可以拿出来深入探讨的一组关系，这让我产生了再创作的动力。"

　　面对已完成的剧本大纲，他用理性的分析报告和强烈的创作欲望说服了制片方，对《画皮2》的剧本进行了严格而繁复的再创造。"重写，不是改写。"乌尔善说，"我当时就告诉他们，这个故事方向不对，不能是一个男性的成长故事。"

　　开机前，推翻旧故事、撰写新剧本的过程持续了 8 个月，而后因为预算超支、格局太大，剪掉了部分大场面和很多辅线，又耗时 4 个月。身为导演，乌尔善与编剧一起创作，封闭在酒店里，日日讨论，把故事梗概发展成为大纲、分场、拆析……"12 个月，我不知道算不算长。"他说，"应该还可以写得更细致。"

"我既不迷恋复杂的故事，也不迷恋真不真实的问题。因为我觉得真实是无法记录的，只能靠隐喻让你感受到，它跟你人生的体验是有关系的。我觉得最有魅力的故事是关于生活的寓言，你可以把它理解成对爱情的寓言，也可以是你面对真相时的寓言。"

《画皮 2》的结局看似完美：狐妖小唯与被毁容的靖公主"皮心合体"后，与自毁双目的霍心在一起。这样的结局导致了毁誉参半的评论，最尖锐的问题直指影片的男性视角：难道非得有肉体又有灵魂的女人才能值得男人的爱？

"《画皮 2》和《画皮 1》的主题是一贯的，讲的是爱情所面对的困境。"乌尔善说，"《画皮 1》是婚姻法论，《画皮 2》就比较现代。爱情永远要面对劫难，我也乐于面对'毁誉参半'。"

和人们想的不同，抛开"东方新魔幻"这张皮，乌尔善已经尽其所能地想要用心讲好一个"寓意一切"的故事。更出乎我意料的是，在这样的动力驱使与直感下，他找到的故事蓝本是《海的女儿》。"小唯这个人物就来自小美人鱼。"乌尔善直言不讳，"爱不是她的终极目标，灵魂才是。当她因为自己拼命地努力升华了，拥有了灵魂，就不一定要存在于一个人类对她的爱中，不需要在那个镜像里面，才能得到真正的自己。"

这才是乌尔善版的画皮故事之所以"皮心合体"的真相。

而我觉得，这个故事适用于每一个对灵魂存有执念的人，他们都是。

小径交叉的人生花园 /

"我永远不能做艺术家了。"

"为什么？"

"因为我不是奴才。因为在不侵犯任何人利益的情况下，我的创作只希望坚持我自己的想法。因为我不能为了留在那儿跪下。如果我跪下了，将来也会为别的东西跪下。"

那时，从美院退学的两个月后，乌尔善回家，跪在父亲跟前说了以上这些话。

1988 年，乌尔善考上了每年在全国只招不超过 40 个人的中央美术学院附中，又一路考上了"全国艺术学校里最难考的系"——中央美术学院油画系，两年后却退学了。

那是他最穷的一段日子。他不愿回家，自己在外租房子，靠做美术家教赚钱。除此之外，就是每天带俩馒头，骑车去国家图书馆看书，继而又迷上看片。"一看上电影之后，我就平静下来了。电影给了我一个比画画更大的新世界，提供了一种更庞大的经验、科学乃至整个社会学。我真正开始对电影产生敬畏。"

在一段以一曲金属乐队的《Sad but True》（真实但糟糕）开到最大音量，每日放三遍作为自己晨起仪式的补习班岁月后，他在 1994 年考上了北京电影学院的广告导演系，这个新专业对有美术基础的他来说如鱼得水。但他还是那个叛逆的学生，总逃课去拉片室看电影，那盘《欧洲早期先锋电影》以及《玛雅德伦实验电影》的借片单上只有他一个人的名字。"我需要那种调动很多能量去看的电影，我需要知道它和美术的不同，需要知道我对电影的选择是值得的。当绘画已经失去探索性，电影作为当代最主流的艺术形式，我需要看到它的先锋与可能。"

一个人对待人生的态度和对待爱情的态度一脉相承，更好的爱来源于自己塑造出的更好人生，乌尔善的经历可以充分证明这一条真理。

"真正爱一个人，应该几乎全部都是行动，语言说得很少。"乌尔善最喜欢《画皮2》霍心刺瞎双眼的情节。"抉择的时候，他最终有了力量，而且这种力量不是说跪在那儿，求着对方来爱自己。"

这一刻的霍心，其实正像多数时候乌尔善本人。熟悉乌尔善夫妇的人都知道，当年乌尔善一边做广告导演挣钱养家，一边出钱供当时还是女友的蒙柯卓兰在法国读了五年音乐。

事实上，乌尔善在《画皮2》的故事完善过程中，提供的爱情感受不止一种。"靖公主去找她逃跑了的爱人，要亲耳听一下她爱的人对她爱情的态度——这个就是我自己的故事。很早以前，我也曾经做过同样的事情。"他告诉我，"还有霍心的一些反应，如何面对挚爱，又如何面对愧疚，他的处理，他的态度，那种回避和忍耐……我的爱情里也有。"

在真正拍电影之前，他积累和忍耐了十年的时间，而作为广告导演的奋斗岁月也为他提供了长足的经验：在限制中找突破，在商业上找平衡，用最大的表达欲和统筹力去培养团队，在复杂的约束里挑战自己的想象力。正是这些经验帮助他度过了拍摄电影处女作《刀见笑》的三年艰难岁月：资金短缺，主演落跑，结构创新……这部小成本电影被20世纪福斯国际部总裁看中，收购并全球发行。"我看到了一个尽最大的能量，用电影语言讲述故事的中国导演。"几乎是同一时段，2010年4月，在看了粗剪的《刀见笑》的六个片段后，画皮系列制片方大胆敲定了乌尔善这个新人导演。

两年后，《画皮2》倾城而出。

如今他说："只有爱与死值得我拍。"

岁岁年年，刀光剑影，上天始终眷顾了那些用资本积累起的骄傲魂灵。

原文刊于2012年《芭莎男士》11月刊"年度人物特辑"，本文有删节改动

［乌尔善的倔强语录］

" 因为我不是奴才。因为在不侵犯任何人利益的情况下，我的创作只希望坚持我自己的想法。因为我不能为了留在那儿跪下——如果我跪下了，将来也会为别的东西跪下。"

/

"只有爱与死值得我拍。"

/

"我既不迷恋复杂的故事，也不迷恋真不真实的问题。因为我觉得真实是无法记录的，只能靠隐喻让你感受到，它跟你人生的体验是有关系的。我觉得最有魅力的故事是关于生活的寓言。"

/

郭敬明

［小时代，不止是一个时代］

从"新概念"作文大赛出道、2002年凭刊于第十期《萌芽》上的《幻城》成名到如今，已经整整过去了十年。28岁的郭敬明及其创立的上海最世文化发展有限公司，名列《福布斯》"中国30位30岁以下创业者"榜单，在媒体领域独树一帜——而今他担当导演的《小时代》系列又在电影领域独领风骚——他成功地把自己的名字变成了青春流行文学的品牌保证。

世界呈现出它疯狂、讽刺与两极的一面：

那些早早宣称告别青春的人，在行为做派上一直没有长大；

那些还热爱或眷恋青春的人，早已换过另一种方式让青春永存。

和大多数人一样，当梁东遇见郭敬明的时候，他本人已经和"青春"没什么关系了。1978 年生人的他对郭敬明的最世上海办公室印象深刻，"都是 80 后，都是俊男靓女"。

但凡和青春有关的生意，几乎都少不了郭敬明。眼下，他与梁东创业并担纲首席执行官的响想电影签约，后者将以首期 3 亿元的投资，改编郭敬明以千万计的畅销系列小说《小时代》三部曲，这一"中国 16—22 岁观众中第一文学品牌"。

梁东自己和郭敬明相比，有着截然不同的奋斗史。他是一个一直走在平稳职业道路上的实干者：早年在惠普做品牌管理，之后去美国读 MBA，辅修电影制片人专业，此后在华纳电影、索尼电影公司均有过工作经历，回国后负责起 DMG 娱乐传媒业务，着力投资及运营电影项目，曾成功运作《杜拉拉升职记》等商业广告以及项目投资，"每个项目都是赚钱的"。响想电影是梁东试图改编罗永浩自传《我的奋斗》未果、与中间人徐小平搭上线、接受 1800 万天使投资成立的电影公司。"我其实不想做一个特别伟大的电影和电视剧……我只希望首先做一家引入好莱坞模式的商业公司。"梁东坦承。

错过是为了更好地相遇 /

事实上，这正是郭敬明的《小时代》正中梁东下怀的地方。响想电影成立后，梁东有整整一年的时间不知道该做什么。他在位于三里屯 Soho 办公室会议室的玻璃黑板上列出了不下 20 个项目，每天都要见五六个人，最终漏过以及被否定的项目包括：本可以投资 30%、日后大火的《失恋 33 天》，徐静蕾在 DMG 的《杜拉拉升职记》后直奔梁东来的《亲密敌人》等等。"我花了一年的时间在想该做什么项目，后来觉得，与其想我们该做什么项目，不如说我们能做什么项目。"梁东回忆说，"我越想越清楚的是，我们既不是一家电影公司，也不是一家电视剧公司，我们没有冯小刚，也没有滕华涛。如果不靠名气，电影靠运气，电视剧靠关系，在两者都没有的情况下，我必须找一个能长期借力的商业品牌，才能实现我的商业模型。"

梁东找到的品牌保证便是郭敬明。之所以决定投身青春片市场，是因为专业调研机构艺恩的评估显示：2011 年中国 100 多部电影，占 40% 到 50% 的剧情片已经超出 30% 的期待人群，5% 的惊悚片对 10% 的期待人群供不应求，但标准难以界定，青春类型片则呈现一片市场空白。由此，梁东去找市面上的畅销书，而在面向青春人群的韩寒与郭敬明的作品中，梁东选择了后者，虽然在此之前，他并没有读过郭敬明的任何一本书。

"我第一次听到《小时代》，是我跟北京电视台开会，北京电视台当时的负责人张强（现为中国电影集团公司副董事长）个人推荐给我的。他说有一本，不光火，即连续三年是畅销书冠军，而且特别值得去改编的小说，叫《小时代》。"梁东说。事实上，他后来才发现，这几乎是业内许多"有着深刻视野的高人"的共识，包括台湾知名创作人张艾嘉和瞿友宁，在梁东日后找到瞿友宁，希望这位台湾当红偶像剧《我可能不会爱你》的教父级导演执导《小时代》时得知，瞿早在两年前就已和郭敬明见过面、询问改编权。"他特别积极地回应我们说：我早就看中这个了。"

不仅仅是一个时代的精彩 /

看中《小时代》项目的人无数，梁东打动郭敬明方面的原因却绝不仅仅是价钱。最开始的接洽，尽管"出的钱超过业内任何一方可以给的价钱"，梁东从郭敬明经纪人处得到的反复回复是"这个项目不卖"，但他没有理会此项目在天娱传媒有限公司的传言，而是尽快制作出了一份详细的商业计划书，细节甚至达到"电视剧的末集做成开放式结尾，寒假播出，只有去到电影院才能看到大结局"，以及"从微博到游戏、门户、QQ、广告、视频，有12款新产品可以推广"。

"我希望表现出我们共赢的诚意，一整套的执行计划以及我们的执行能力，绝对不会耽误他的小说，我罗列每一个可能的卖点，并把这些东西写成数字。"梁东给郭敬明的保证是：以 5-8 年的时间，制作 10 余部电视剧、电影、话剧、多媒体剧作品等一整套影视媒体组合体系，并开发衍生商业产品，打造一个影视巨制产业链，使《小时代》连篇巨制成为中国的"哈利·波特"。

近半年后，在最后的签约仪式上，梁东在上海见到了郭敬明。他接受了梁东的商业计划书，项目一经传出，第一个电话他的就是曾经签约其为旗下艺人的天娱"快女教母"龙丹妮。但显然，作为一个拥有现代商业头脑和操守的在商言商者，郭敬明与梁东这样讲求规则与效率的"海归派"商人更为惺惺相惜。他评价梁东是"一个务实的理想主义者"，并对他说："梁东，你在买地，而且你买了一块全中国最好的地——影视改编事实上就相当于在地上盖楼，而原著就是一块地，电影、电视剧就是那块地上的楼。你买的地特别好，肯定会升值的。"

至于梁东对郭敬明的印象，他记得的是郭敬明告诉他：让我们内心带着一点快乐的感觉去把人生的某些尴尬时刻消化掉，或者说，用修行的感觉把它回味好。

这样的人生态度让梁东觉得尊敬。"他很青春，或者说，他比我们这种传统CEO都要活得精彩。我是说，有些人的生活看上去很精彩，实际上伤痕累累，特别苦涩——但，看郭敬明和他的《小时代》，你就会觉得这个时代，残酷是残酷的，但还是可以活得不错的。我不想做一个那种悼念我们即将逝去的青春的作品，而是希望在现实主义中看到一点让人向往的梦幻色彩。"他顿了一顿，又肯定地说，"他肯定是一个善于造梦的人，他的作品都是梦，可是他自己做人做事的方式又超现实——我想说，郭敬明能完美地把这两件事情结合在一起。"

与最世副总裁吴亮（右）
和签约作家、《文艺风象》杂志主编落落（中）

青春短暂，生意难啃，从岛工作室到文化发展有限公司最世，郭敬明这种留驻青春的方式，与大多数人不同。

虽然贩卖青春所带来的声名与财富，让他一直不能够免于争议，但同样不可否认的是，创业之路让他走过了热血与懵懂交织的青春期，早早成为了一个随时能够直面残酷与铁血的成年人。经过了成人世界的争斗与洗礼，还能把青春变永恒，这是令所有人欲罢不能的梦想。

梦幻的水晶灯，全球限量的白色瓷器，明亮得能当镜子的落地玻璃，以及成排陈列的同样魔幻现实主义风格居多的书与杂志，最世文化发展有限公司，这一位于上海国际设计中心的公司，从 logo 到装潢都留有幻城的痕迹。

但他的媒体帝国绝对不是幻城。截至去年 12 月，郭敬明创业至今的上海最世文化发展有限公司签约作者增加至 75 人，青春文学杂志《最小说》系列年发行量突破 1000 万份，年产值突破 15 亿元，形成了以小说、杂志、漫画、艺人、影视等为主的系列青春文化品牌。

最世的前身是郭敬明自大学起就创立的岛工作室，严格来说，《岛》是一本图文并茂的杂志书，没有刊号。它很快被定义为"第一本真正的青春图文杂志"，对于创刊动机，郭敬明本人的解释是："我很喜欢看杂志，但当时很多念书时常看的青春杂志《少年文艺》、《中外少年》都已经倒闭停刊，就决定自己做一个——那时候完全没有考虑读者群，年龄段，受众分析……没有任何完善的商业意识，完全就是一种本能。"

从工作室到商业帝国 /

　　他集合了当时身边经常在一起聊天打牌、看电影和玩网络游戏的好友，在 2004 年的春节后租下一个 140 平米的公寓，为《岛》这本自己理想中的青春杂志组稿、编辑、排版。

　　"我就想做成给年轻人看的文艺杂志，它里面有插画，有设计，有摄影，有散文，有长篇连载。"

　　《岛》奠定了大部分最世媒体产品的生产准则：期刊化，作家签约制，生产者、创作者与受众都保持年轻，出版社不干涉内政——尤其是内容与作者的选择上，郭敬明坚持自己的"独立门户"与"审美品位"。在《岛》时期，他一手发掘和提携的首位畅销作家是当时还在某漫画杂志做编辑的落落——他并不忌讳用自己的名声去帮助别的有潜质作家成名，他甚至有意如此：他需要尝试一切把个人名声落地成为品牌效应与商业影响力的可能性。

　　事实证明，这本最初以郭敬明的名声做基础，但不全由郭敬明撰文的杂志书日益火爆，在一批固定作者的连载下更是如此。每期发行量近 20 万本，最高发行量曾达 40 万册。在 2006 年春风文艺出版社陷入经营困境后，郭敬明转签长江文艺出版社，将其更名为《最小说》。"他一见面就跟我说，他有现成的杂志制作团队，有数位作者的出版合约，他需要成立一家文化公司，不拿出版社的版税，而是要分成。"长江文艺出版社副社长黎波回忆道，对这名"很有想法的年轻人，不同于一般饱读诗书的文人，而且最重要的是，他正在过渡成商人"，黎波应允了。最世的前身，上海柯艾文化传播有限公司由郭敬明与长江文艺出版社合资设立。

在商业模式建立后，郭敬明开始拓展其作为媒体产品生产者的商业版图。在《最小说》外，郭敬明及其团队逐步发展出了《最漫画》、《最幻想》、《文艺风象》、《文艺风赏》等一系列畅销青春人群的媒体作品。改版后的《最小说》，把重点放在长篇小说的连载上，穿插短篇小说、散文，而在传统的文学体裁之外，在"最小说"的名号下还发展出专门刊登科幻、推理小说的《最幻想》，将以前随书附赠的别册《最漫画》独立出来，以及新增加了一本专题别册，这三本针对不同细分领域的杂志构成了今年"最小说"的期刊格局，"涵盖了年轻人会喜欢的一切"。"其实我们每送一本别册，都保留了它将来拆分的可能性，等到它的受欢迎程度强到读者已经习惯了的时候，就可以独立出来了。"郭敬明说，"我所得到的经验是——一旦品牌被人熟记，成熟后再独立出来，成功就会比较容易。"

不仅仅是产品如此，郭敬明个人不衰的声名也保证了团队的稳定。在如今最世的团队中，副总裁、《最小说》执行主编吴亮，副总裁、作家艺术家经纪部总监陈佳以及最世旗下文学杂志《文艺风赏》美术总监李学健都是郭敬明岛时期的资深合作伙伴——其中，吴亮是郭敬明上海大学影视工程系的同学，陈佳是郭敬明在文学网站榕树下结识的网友，李学健是郭敬明《左手倒影，右手年华》的封面设计者。最为典型的是如今的艺术与设计总监胡广利，当时还在大学读平面设计的他因为被《岛》的别册，记录编辑团队趣闻的《航海日志》所吸引，决心无论如何要投奔——他在网络论坛和贴吧里找到了郭敬明的手机号码，坚持不懈地拨打联系了四个月，郭敬明对其询问"是否需要美编"的回复从最初的"目前不需要"、沉默，到去看发至邮箱的简历、在楼下的星巴克约见面试……"我加入的是一支'梦之队'。"胡广利至今依然这样说。

大学玩伴、网友、资深粉丝——这几乎囊括了郭敬明身边关系最为紧密的工作团队的人员类型——从理想主义转型的道路很艰难，但他在成人世界疾步如飞，让其他人仍可相对自在地逗留于青春期。在一本 2010 年 6 月出版的《王牌大助理》漫画图文书中，你可以清晰地感觉到：以他为中心的存在以及为他工作的经历，对这些合作伙伴而言是一个偶像剧般的奇迹。在小说中，他让人生，让人死。在现实中，他让自己的人死心塌地、很好很体面地活着。他知道，这对每个个体来说，几乎是最重要的事。当然，对他来说，人生早已经迈过这个阶段了。

也曾有人离开这支梦之队。2007 年，李学健和落落曾出走创办与《最小说》同类的竞争杂志《花与爱丽丝》，但最终归来。他们最终觉得，与其向外面的世界妥协，不如向郭敬明妥协。"如果自己做杂志的话，很多商业上的东西不太适合我对自己的规划和发展——我其实不太想管理这些事情，我只想专注做好自己的东西就行了。"在转了一圈后，李学健觉得最世才是那个"自由度更大的地方"。"因为如果自己面向市场，就等于要直接跟投资人去争执关于这个封面要怎么样，度要怎么去把握。在这里，所有的压力都在郭敬明身上。"

把偶然变成必然 /

和人们的想象不同，郭敬明把青春期定位得很短。"我觉得人的青春应该是从 12 岁到 18 岁，这个阶段集中了一个少年所有的憧憬，很敏感，不管是对未来的想象，还是对当时所处的环境，就是对任何事情都会有非常细腻的感受，不管好的坏的。"

对郭敬明来说，从他 17、18 岁时连获两届全国新概念作文大赛一等奖后，他的那场"绝大部分的时间不是在看书，就是自己待着，对未来有很多幻想和憧憬，但实际上很害羞，很内向"的青春期便结束了。新概念扭转了这名理科生的命运，一张机票让他来到了上海，匆匆两日，甚至不记得同住的参赛者——日后，他高考第一志愿厦门大学落榜，就读了上海大学。临行前，他把被退稿数次的一篇稿子《幻城》邮寄给了《萌芽》杂志社，在没有接到任何通知的情况下，他在《萌芽》十月号的封面上看到了自己位于主打位置的《幻城》，这篇文章所造成的反响，比他在此之前把在小城市苦读高考、心怀梦想的经历写成的那本《爱与痛的边缘》要火得太多。

不可否认，当时的新概念造就了一批"80 后"作家，开辟了"青春文学"的先河。春风文艺出版社的编辑时祥选通过《萌芽》杂志找到了郭敬明，三个月后，由短篇小说改成长篇的《幻城》出版，成为 2003 年最为畅销的青春文学书之一。在沈阳的人生第一次签售会上，面对上百名粉丝，郭敬明第一次意识到"红了"。这之后，无独有偶，郭敬明在《岛》上先连载后出版的《梦里花落知多少》，面市当月销量就突破了 60 万册。

没有人比郭敬明更了解一个作者红了的偶然与之后的迷茫，而在面对最世签约的作家时，他决心要把偶然变为必然。

通过《萌芽》与《幻城》、《岛》与《梦里花落知多少》，郭敬明意识到媒体平台对于作品成为畅销书的价值。这一做法被他移植到了最世——他以最世旗下的媒体产品为平台，作为签约作者始终的，也是唯一的推广宣传渠道。

笛安是最世签约作家中的异类。与那些从新概念大赛以及最世自己举办的"文学之新"全国新人选拔赛中脱颖而出的 85 与 90 后年轻作者不同，1983 年生、父母均为作家的笛安在签约最世之前走的是一条传统文学道路：在《收获》、《人民文学》上发表作品，出版过两本小说，每本的印数都是 2 万册——这数字在郭敬明看来太可怜了，与其文字能力完全不匹配。

2008 年春天，在作家艺术家经纪部总监陈佳与当时在法国留学的笛安近两年不懈的 MSN 网聊沟通后，笛安决定签约最世。在之后的讨论中，郭敬明要求笛安将原本计划为中短篇的《西决》扩写为长篇，并放在《最小说》最好的版面上连载——所谓最好的版面，是以停载郭敬明自己当时的《小时代》为推举新人的代价，因为在此之前，笛安的短篇小说在《最小说》上反响并不好，在读者反馈中总排在倒数一二的位置，但这样的"重磅"他甚至没有让笛安知道。"当时这个决定是很吓人的，导致前几期销量根本扛不住。"郭敬明自己回忆说。

很难说清这其中郭敬明的影响力与笛安文字本身的吸引力之间的比例——但最终结果是，郭敬明赌赢了：半年后出版全本的《西决》不负众望，实现累积销售 75 万册。笛安成为了畅销书作家，而郭敬明自己也成为当年中国作家富豪榜首富。

如今最世旗下签约的作者有 76 名，虽然被设计的路线不同，但都会被归到最世特设的作家艺术家经纪部进行管理，在签约之初就会谈好分成、创作方向等事宜，作品完成后则会安排一系列签售、电视等宣传期事宜。而对于落落和笛安这样的畅销书作家，郭敬明决定用最世的平台把其影响力扩至最大——他让她们成为了旗下两本姐妹刊物《文艺风赏》与《文艺风象》的主编。某种程度上，这也成为了签约作家与最世密不可分的情感与利益纽带。

"其实作家不像艺人那么复杂，作者前期不需要训练——我们所需要把控的只是大方向。"郭敬明说，"因为我在最开始的时候，没有人帮助，自己摸索。但是我发现这是一个很浪费时间的过程，是一条很绕的路，如果我能够提供这一切，那么一个作者很可能会省掉三五年的时间，直接成名。事实上，我们现在已经证明了，他们可以很快地崛起。"

在这场采访快要结束的时候，笛安告诉我这样一件事：去年的最世年会，所有人都喝了一点酒，在这种梦幻的微醺状态下，狮子座的笛安举着酒杯走到双子座的郭敬明跟前，认真地对他说："小四（郭敬明的昵称），当时，我遇到你，我觉得就像是在路边捡起了一个盒子，上面有蝴蝶结，每个人都告诉我你别打开，你别打开——那是潘多拉的盒子。但是我不相信，我还是一咬牙把它打开了——结果里面放出来的烟火，是我生命中特别大特别好的一个礼物。"

而我自己亲身经历的则是另一件事。那是今年春天，我受邀去一个以《小时代》导演瞿友宁为主角的聚会上，那是个乱花渐欲迷人眼的 KTV 包房，女演员的莺莺燕燕与男演员的荷尔蒙集合在一起，那些美艳俊朗的面孔看起来十分熟悉如何卖弄青春的笑颜，写满了被遴选上场的期待。我在这一刻想到了郭敬明——他不需要出入此种场合，他本身便是标准。

　　"要想签约最世，你的文字要先说服我。"下《小时代》，上《西决》，看着读者的反应从最初的抗拒到最后的痴迷——显然，郭敬明用自己的媒体平台作为利器，让人们接受——用他自己的话说，是公平地对待——他本人，他的审美，他的好恶。

　　事实上，这可能是商业赋予人的最大权利。

原文刊于 2012 年《芭莎男士》6 月刊"特别报道"，本文有删节改动

[郭敬明的倔强语录]

"要想签约最世，你的文字要先说服我。"

/

"任何一个公司，从最初的小规模情感驱动到后期大规模制度驱动的转型，会给这个团体里所有早期的创业员工带来阵痛和不适应。但这是必须的过程和代价。"

/

"我喜欢财富，我追逐财富，但我也不太在意财富。因为财富不重要，它不是目标，甚至不是过程，它只是你所从事的领域里，你完成了杰出成就后的一种犒赏。"

/

周杰伦
［王者内心是少年］

周杰伦的出现是华语音乐的一场革命性颠覆，在最初的一片嘘声中，他用吐字不清的代价换取了R&B和中文的真正结合。他也许不会承认，但也许愿意接受这样一个称呼——中国音乐界的乔布斯。多次在媒体前不谦虚的言论让人觉得他太自负，可事实证明他确有自负的资本。出道至今，他似乎从未完全习惯这个世界，但这个世界全然习惯了他的音乐。

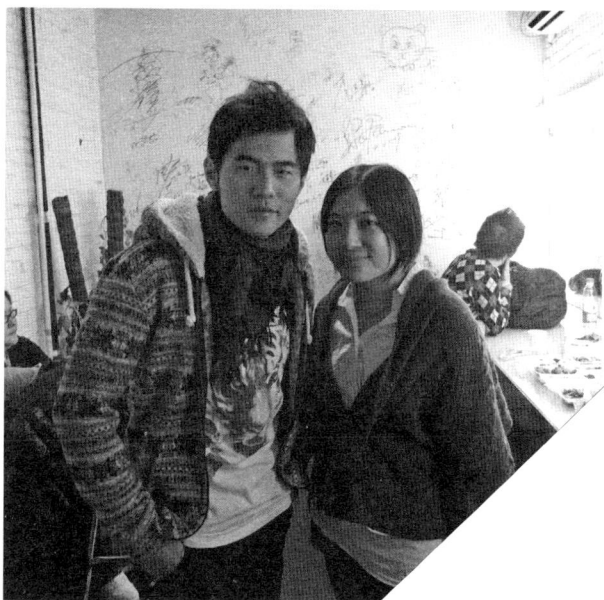

几乎没人能看清周杰伦进来时的样子，如今，他的出行至少需要十名工作人员贴身环绕，保镖围成严密的人墙，他把自己的脸半埋在连帽衫里。

　　正在播放的背景音乐是他 2011 年推出的第十一张专辑《惊叹号》。只有音乐，他的音乐，才能让他在陌生的环境里放松下来。他已经脱掉自己的连帽衫，将自己裹入那些好看但并不好穿的大牌衣服里，在座位上努力调整出一个舒适的姿态，看起来依然是初出道时的那个少年。

　　他似乎从未习惯这个世界，只是这个世界习惯了他的音乐。

"音乐可以挽救人的自信" /

这一张新专辑原先的名字并不叫《惊叹号》，但现在周杰伦觉得也很好。"刚好一语双关。"他如此解释，"既呼应了专辑中与船有关的两首歌（《琴伤》与《水手怕水》），又有吹响号角的意思。"

从某种程度上说，周杰伦自己的人生就是惊叹号，并且不止一个。

巨室唱片公司从 2001 年起代理周杰伦在大陆的所有演出与经纪事务，其总经理陈中第一次见到周杰伦，就觉得他身上有很多矛盾的地方。"做艺人已经做很久了，他的作品很前卫，很大胆，可是他个性还是非常的传统。他纯粹就是一个很普通的高中毕业生，年轻人的所有人生问题他都有遇到。"陈中如此评述，"他很害羞，只是刚好念了音乐科，他觉得他只能在这个地方来表现一切。我从他身上看到的其实都是很简单的特质，但他做出来的东西就是非常不一样，这是他身上最吸引我的地方。"

这与一手发掘周杰伦的台湾著名谐星和演艺圈一哥吴宗宪对他的第一印象如出一辙。1998 年，周杰伦参加吴宗宪的《超猛新人王》节目，这还是一个学妹帮他报的名。当时还在台北淡水高中念书的周杰伦，因为弹得一手好琴又很会打篮球，是学校里的风云人物，但因为害羞，他甘做伴奏，请了一个朋友代为演唱自己写的曲目《菜谱歌》。这首奇怪的歌让吴宗宪一眼相中，将他签约为自己刚创立的阿尔法唱片公司的专职写歌人。尽管后台的周杰伦看起来安静到几近自闭，但吴宗宪觉得"乐谱非常地复杂，做得很棒"。

令人惊叹的音乐才能让周杰伦迅速摆脱了大学联考失利后彷徨不定的人生状态。"他其实是很好强的，音乐始终是他好强的方式。"陈中说，"包括在他的新专辑中，他用儿歌谱曲，我想他就是想表达：我不用费唇舌来说服你们，我用作品来说服你们。我觉得他是用一种聪明的好强方式把他想要的做到。"

事实上，18岁刚成年即被唱片公司签约的周杰伦将其对人生的想象力降到了最低，但他义无反顾，乐此不疲，原因只有一个——音乐是他"证明自我"的唯一方式。工作的一部分是依约写曲，每首可得酬劳两万台币，对象多是脸蛋与衣着光鲜、重金打造的速成偶像歌手，他并不指望他们能在他写就的音符中了解他不安于室的灵魂。那个日复一日睡在公司录音室沙发后面的人，看着台北的天空，乐思泉涌时在外卖菜单背后写歌——这是他给自己加码的工作，即便吴宗宪并不领情。他曾当面把周杰伦的创作手稿扔进垃圾桶，一部分原因是他并不认为其可以走到台前，"因为他长得并不帅"，但这阻挡不了周杰伦倔强的坚持与几乎一天一首的写歌速度。

两年后，吴宗宪的朋友、接管阿尔法的总经理杨峻荣率先被周杰伦打动了，他听到的《可爱女人》成为之后专辑的第一首歌，它看似简单的抒情曲调，却有着耐人寻味的旋律魅力。

2001年，周杰伦出道发行第一张同名专辑《JAY》，专辑封面上的他神情羞涩，一头鬈发。同年，他的第二张专辑《范特西》横空出世，打破了90年代中期香港"造王运动"后中国乐坛几近后继无人的局面。他迅速蹿红，人们惊艳于他的咬字不清、哼哼哈兮和难以抵挡的优美音律。"周杰伦旋风"来势汹汹地刮遍了亚洲。

周杰伦的音乐从一开始就带给了世界惊叹，而音乐给他自己的人生带来的，则是一种无可替代的存在感。"从第一张专辑到第十一张专辑，我觉得多了自信，少了时间。"周杰伦如此说，"我觉得音乐可以挽救人的自信。以前我写歌有一点失业性质，比较慵懒，现在我喜欢在很忙碌的时候写，这样才会让我有感觉，有时间感。"

"希望大家都跟我一样" /

　　在一个创新匮乏、后继乏人的世界里，周杰伦俨然是中国音乐界的乔布斯。他看似特立独行，却有着聚焦一切的强烈愿望与坚定内心。

　　周杰伦的出现给华语音乐带来了一场革命性颠覆。在他之前，主打 R&B 的有留学海外、科班出身的王力宏和陶喆，但只有周杰伦，在最短的时间内让 R&B 在中国乐坛的定位从前卫变成了真正街头巷尾的流行。他在最初的一片嘘声中，用吐字不清的代价换取了 R&B 和中文的真正结合，由此被乐评人定义为华语乐坛新时代的开创者，掀起的是"不依据发音规则、以展现音律纯粹性取得成功的音乐革命"。

　　虽然四岁习琴，入行很早，但周杰伦反叛、无畏，不遵循任何流派，只忠于自己的音乐表达。但如果你问他在音乐中始终坚持的是什么，他会给你一个听起来相当饶舌的回答："以前坚持的是跟别人不一样，现在坚持的是希望大家都跟我一样。"

他对此进一步解释："我觉得有人想要复制你，这代表你成功了。目前的我就像在打仗一样，比较好胜，什么都要走在最前面。在我之前，乐坛的主流不是这样，我是把非主流变为主流，现在当然就是继续要朝着这个主流走，你也不知道会走多久。我的上一张专辑叫《跨时代》，跨时代就是在下一个十年，我要看看是不是还是这样。"他顿了顿又说，"我觉得我的勇气还在。"

的确，并不是每个人都能一边被质疑专辑无变化，一边以一年一张的速度发专辑，但周杰伦做到了。

表面上看，他"玩"得很尽兴。他不断扩展着自己的想象空间，在赖以成名的抒情 R&B 的基础上，他先后添加了 Hip Hop、Rock、加快版 Rap、摇滚和本土乃至异域的民族风。他的野心最先在第三张专辑《八度空间》中展露，尽管在当年的金曲奖上毫无斩获；紧随其后的第四张《叶惠美》，其中极具意境、五调铺就的一曲《东风破》开创了"中国风"的抒情先河，而校园情结的《晴天》、《三年二班》和蓝调情歌的《你听得到》、《她的睫毛》等则以高传唱度证明了"Jay 式"音乐的魅力。从形式、歌词到题材，这几首歌均非出奇制胜，流行的原因更多有赖于周杰伦日益唯美、纯熟和细腻的编曲，加之专辑的整体策划和团队制作。就音乐性而言，《叶惠美》是其成熟与定型的标志性专辑。在此之后，从《七里香》到《跨时代》，周杰伦不断完善与强化自己"Jay 式"音乐帝国的构建，步步为营地树立了华语乐坛的音乐新主流。

截至《惊叹号》，周杰伦坐拥的数个"第一"包括：年年居全亚洲华语专辑销量第一，个人拥有金曲奖数量第一，自导整张专辑所有歌曲 MV 第一等。

这是摩羯座的周杰伦在常年脚踏实地、深谋远虑中积累出来的成功。校园、中国风、逝去的恋情……他的创新源于一切旧日情怀，他提供的是多元的音乐方案，几乎每一个人、每一个年龄层都能在他的专辑中找到情语与断片、共鸣与乐感。而他自己所坚持的却是最初的那一点偏执："中国风也好，校园情结也好，我不会因为别人质疑我的不变而不做，我相信我在音乐上的想象力。"

"王者内心都是一个少年" /

周杰伦在很多人心里，都还是那个"不擅长面对镜头"的少年。突然有一天，他们惊奇地发现他不再惧怕，甚至开始拥抱镜头了——他演起了电影，当起了主持人。

周杰伦对自己闯荡好莱坞、成功试镜《青峰侠》的经历十分引以为豪。"有很多当地非常有名的演员去，我英文不好，还蛮紧张的，最后会选择我，我是觉得挺惊讶的。但可能就是感觉吧，我注意到导演是在挑人的个人特质是否吸引到他们。"他甚至让身边的人开门见山地问导演："你们选择我，是不是因为亚洲市场占有率的缘故？"否定的答案让他开心了很久。

大屏幕需要演艺圈稀缺的真正赤子。周杰伦出演的第一部电影是根据热血漫画改编的《头文字 D》，导演表示，选中周杰伦的最主要因素是："我觉得他本身就像那个送豆腐的穷小子！""豆腐小子"藤原拓海，是每天凌晨都被父亲逼着开车送豆腐的普通高中生，整日发呆，只喜欢玩飘移，是秋名山道上车速最快的人。周杰伦接下角色的原因是："确实和我很像，我们都专注于做一件事，不太爱说话。"他把这个"手握方向盘时眼神才完全改变"的寡言少年演出了灵魂，因为那几乎就是他自己，一个在专业领域中冷静自信的人。

这还只是周杰伦面对镜头的开始。2006 年春节前，张伟平和张艺谋突然决定请周杰伦出演《满城尽带黄金甲》中的将军元杰一角，为此，两人连夜赶回北京修改剧本。事后证明，与巩俐演对手戏的周杰伦并无怯场，带来了巨大的市场效应，片尾曲《菊花台》也大受好评。在《头文字 D》那样的本色出演外，周杰伦本人很中意英雄式的人物，"感觉像我在乐坛上的状态"。

2007 年，周杰伦决定投拍并执导自己真正想拍的电影，却和"热血"与"英雄"均无关。他找来在《头文字 D》中饰演父亲的黄秋生和他自己在《蓝色大门》中看中的桂纶镁，拍了一段在母校淡江中学的青春情事，延续了他在音乐中的"校园情结"。"有些人会为了演技而去牺牲他的形象和扮相，我觉得我刚好相反。和音乐上一样，我不会硬要突破而改变自己。"

在音乐创作之外的生活中，周杰伦始终都是那个懵懂、怀旧与长情的少年。他凭借兴趣开了古董店、餐厅，并不在乎盈利与否，就是一个成就感；他还保持着长足的好奇心，最新的动作是做自己品牌的定制钢琴，"全世界也没有歌手做过，很酷"；他没有微博，只从朋友处听到歌迷对新专辑的留言，"我喜欢旁边人跟我说，因为我很怕糗，又有些感性，冲动会让我直接呛声"；他不喜欢孤独，他想要盖一幢 J 大楼，让如今已是他事业上各种合作伙伴的朋友集合在一起，"这些年来，我没有什么新朋友，都是出道前就挺我的兄弟"；他喜欢《盗梦空间》，得来灵感把计算机 CG 动画技术运用到新专辑的 MV 中，坚信有想象力的人就会成功，"就像周星驰，王者内心都是一个少年"。

在这个时代，歌手很忙，玩家为王，周杰伦是当代无可规避的先锋与标签式人物。在他《世界未末日》的 MV 中，周杰伦像日本电影《大逃杀》中的少年一般，拉住女主角的手，以单纯的勇气闯上一条不管前路是死亡还是流浪的道路，奔向成年，跑向未来。

事实上，无论"末日"与否，身为一个红遍全球的华人巨星，周杰伦在何时何地都无法肆意奔跑，明星、恋情与狗仔的世界就像是一场现实版的"大逃杀"。

很少有人知道，在十一年前，他还写过一首叫做《世界末日》的歌，是为了一个自己喜欢的女生，毁约未能去看那部名为《世界末日》的同名功夫片电影而作。他还是常常在那熟悉的音律与词曲回旋中，回想起那个彼时在阿尔法录音室内辗转反侧、失恋无爱的自己。

"天灰灰／会不会／让我忘了你是谁

夜越黑／梦违背／难追难回味

我的世界将被摧毁／也许事与愿违"

所幸没有，没有事与愿违。他用了十一年，为自己从《世界末日》唱到了《世界未末日》。然后他对全世界露出羞涩而骄傲的笑容：只要有他的音乐在，末日就远未到来。

原文刊于 2011 年《芭莎男士》1 月刊"封面故事"，本文有删节改动

［周杰伦的倔强语录］

"以前坚持的是跟别人不一样，现在坚持的是希望大家都跟我一样。"

/

"我不会因为别人质疑我的不变而不做，我相信我在音乐上的想象力。"

/

"我觉得有人想要复制你，这代表你成功了……在我之前，乐坛的主流不是这样，我是把非主流变为主流，现在当然就是继续要朝着这个主流走。"

/

第三章

请让我在你身边 一起纪念

——诗意的世界 /

对话林奕华
［成功莫过知己］

林奕华出生于香港，十四岁开始写作，读中学时就已在
亚视及 TVB 担任编剧。他擅于剖析社会现象，对消费文
化有独特见解。凭《红玫瑰白玫瑰》获台湾金马奖最佳
改编剧本奖后，致力于推动舞台剧发展的他已成为舞台
剧的标杆性人物。他的人生复不复杂我们无从得知，而
对于戏剧，他说："我就是要复杂。人生不可能简单，
戏剧不可能比它更简单。"

林奕华有耐心看《甄嬛传》，就像他全用女人来演《三国》一样不奇怪——这个世间的大多数事情，本来就无关性别。

譬如《甄嬛传》里女人间的"宫斗"，在《三国》里就是男人间的"谋略"。林奕华于自叙文章《在"甄嬛时代"上演的三国》里是这样说的："有一种权力斗争已经崛起——不，不是已经，应该是千百年来不曾消失，不愿离去，因为活在当下的人们对它无限眷恋，俨如'一个人学会了某些长处总是不肯放弃'（张爱玲）。"

"谋略"的兴盛不衰，与人们对"成功"的渴求程度成正比，"What is success"这一副标题正是林奕华的《三国》所要探讨的主题。没错，在用"谋略"追求所谓"成功"的过程中，却对"公正"与"历史"提出永恒的挑战，虽然，大多数人并不在意。

全剧用绿色的网球贯穿始终，这可能是全世界运动中最公正的一种。我不知道林奕华与我迷恋网球的缘由是否一致，在我看来，网球场符合我想象中任何一种决斗场的样子，在这场决斗中，站在此彼两端的人，可以用极端的合理性，清晰地击打出绝对的正确性。这是复杂的爱情、剧情乃至现世所无法完成的事情。

"我就是要复杂。人生不可能简单，戏剧不可能比它更简单。"林奕华如此说，所以他执着地用各种方式重述经典，从最偏爱的《贾宝玉》，终于到了一直逃避的《三国》：从"衣带诏"到"斩华佗"不等的十二堂师生对决，从快乐的弱智汉献帝、没有朋友的周瑜到执意唤张飞为关羽的曹操……在我看来，这种对历史的解构与其说是后现代，不如说是一种对成见的拜别，我们更需要拜别的或许是对"成功"的成见。如果"成功"要以自我麻木为代价，无疑是最大的一场失败。"我要谢谢这个学校，它教会我一件事：这个世界，本来就不是公平的——憎恨，不过是爱的影子。""花了这么多工夫，你只学会了恨我？""你不恨我，你需要我。因为你需要我的爱，你需要我看见你。"

无论是谁，何种人生，最需要的成功其实都莫过于在众人之先看清自己。

就像《甄嬛传》里甄嬛自请出宫的"锦水汤汤，与君长诀"，《红楼梦》里贾宝玉拜别贾政的"白茫茫一片大雪真干净"——在曾经风靡程度不亚于《甄嬛传》的电视剧《奋斗》里，曾对"成功"有如下台词：一个人成功的标志，从来不应是从穷人变成富人，而是变成让自己满意的人。但如果在此过程中，那个"想要成为的自己"违背了初心，这时候的拜别才有着更为别样的勇气与非凡的价值。不然即便达到成功的彼岸，恐怕也是一场"空城计"。正如风流云散，诸葛亮独坐台上，悠悠而唱：闲无事在敌楼我亮一亮琴音，我面前缺少个知音的人。

知音不如知己。《贾宝玉》里最动人的台词之一是：赤诚与现实永恒存在战争——我们无法对现实赤诚，因为我们自知羞于启齿；我们无法对历史赤诚，因为我们必须面对现实。那么，我们至少可以对自己赤诚，因为人生是一场也许可以向别人唱，但唯独不能向自己唱出的"空城计"——正因为此，才有温故知新，恩断义绝。

"谋略是什么？实用的东西。比如：我爱上一个男人，怎么得到他的心？""为什么你们的谋略都是关于男人呢？你们自己呢？"贾宝玉说"幸运的人不懂痴情"，这种痴情未必是女人对男人，也是现代人对成功，但新《三国》却给出了这个讲求"谋略"的时代关于"成功"的警醒：懂得何时退出、忠于自己的人，不能不可谓不幸中之大幸。

原文刊于 2013 年《ElleMEN 睿士》10 月刊 "Coolife" 副刊，本文有删节改动

［与林奕华的倔强对话］

"我就是要复杂。人生不可能简单，戏剧不可能比它更简单。"

/

"赤诚与现实永恒存在战争——我们无法对现实赤诚，因为我们自知羞于启齿；我们无法对历史赤诚，因为我们必须面对现实。那么，我们至少可以对自己赤诚，因为人生是一场也许可以向别人唱，但唯独不能向自己唱出的'空城计'"。

/

对话田明
[当我们聆听"好声音"时，
我们在聆听什么]

田明，星空华文传媒首席执行官、灿星文化总裁。
从《舞林大会》、《加油好男儿》，到以破5的收尾收视率创
2012卫视综艺节目收视新高的《中国好声音》，作为电视业年度
黑马节目的创办者，他的节目用故事讲述带来了超越娱乐的真情
实感，用价值观提醒了观众久违的梦想。

永远都是这样——你以为你听到的是歌声，其实你听到的是心的回声。

2012年的中秋月圆之夜，微博上满屏满屏都是关于《中国好声音》四强决战的即时直播与评论。那种热烈的感觉就像是久旱逢甘雨，他乡遇故知。

似乎人人都可以在《中国好声音》这档"久旱逢甘雨"的电视节目中遇到自己的"故知"。这是一件久违了的事，这样的全民娱乐盛事，只在七年前的超女发生过。那时那些女孩子的眼神、笑容、言语、眼泪……那种未经雕琢的孩子气的纯净让无数人为之折腰，彼时我的深夜娱乐项目，就是和大学同窗窝在断电后的大学宿舍里看网络上下载的首首片段，一遍又一遍，为那句著名的评论"内心纯洁的人前途无量"击掌叫好。

一晃七年，再也没有让人如此心心念念的真人秀电视节目，直到《中国好声音》的横空出世。我第一次听到《中国好声音》是在一个深夜，然后一发不可收拾地将电视上已经播完的"盲选"阶段的节目一集不落地看了个遍。那些唱着老歌的每一个人，几乎都和我们一样，都已经不再年轻了，并且也只可能越来越不年轻。对他们拍手称快的那些瞬间，好像大学时代的重演，又像是对逝去青春的祭奠。

除了向老歌致敬，《中国好声音》还证明了这是一个唱片业覆灭但成就了演出的时代。这可能是史上第一次电视节目还未播完，演唱会已经上演。9月21日，先于中秋直播、四强缺席的《中国好声音》全球巡演首站在澳门登陆，现场15000个座位几乎座无虚席，门票30分钟内售罄让主办方不得不紧急加演一场。虽然是首演，从歌舞编排的井然有序到LED屏幕的视觉盛宴却无一青涩，但更重要的是，这些在电视节目中已经被淘汰的歌手无一不是高音大嗓、凭演出立身的准专业演出者。演唱会结尾，众人站上舞台合唱一曲《年轻的战场》，歌者的全力一搏，导师的奋力一转，惺惺相惜的拥抱，潸然泪下的片刻……不在现场，你就无法体会那份激动人心。

那是只有"电视大片"才能制造出的共鸣盛世。按照原版剪辑规则（2分钟 VCR，2 分钟演唱，1 分钟导师点评，1 分钟碎片式家庭镜头），在最终剪辑节目中呈现的每人 6 分钟短片里，其实承载了亲情、爱情、友情等每一种引爆观众情绪的可能，这些情绪，才是每一个观者真正在《中国好声音》里身体力行、视如己出的现场。也正是因为如此，我才可以拒绝中秋夜的直播现场而选择在家看电视，我想起的是第一次听《中国好声音》的那个夜晚，和身边的那个人。我不知道后来会走到这里，离《中国好声音》很近，离那个人很远。这多么像遥远的青春：走得太远了，远得走到了心的边境，只有那些让人心碎的旧日旋律让人忍不住一再回首。

在决定要跟访《中国好声音》之后，我至今都觉得那段观看回放后与主编的深夜对话是十分值得铭记的。

"我觉得这选题可以做成个社会状况分析式选题——这事儿真特别有意思，对'公平'的理解和运用，是这节目最厉害的地方。"

"我是真觉得，《中国好声音》这选题可以抛砖引玉，但要把'公平'说清楚，还真不太容易。"

"'我要你的自然'——这歌词特好！"

"这又是另一个特好的社会话题了——自然当真好，但有几人敢？"

"是啊……谁能让他敢呢？"

后来我们知道了，让《中国好声音》的选手"敢于自然"的，或许是承袭《中国达人秀》的价值取向，是如商业电影大片般的环节设置，是从海外原版引进的节目模式，是时常在节目中拍案而起真情流露的四大评委，是从电视衍生至演出的品牌产业链规划……它们都很重要，但都不如《中国好声音》将我们心中"敢于自然"的欲望唤醒来得重要。我们听到自己心底对公平、真情的渴求，流行文化给予了人们一个表达好恶的平台，我们永远需要这样一个媒介，但如果我们只有这一个，却是一种毋庸置疑的悲哀。

一千个人心中有一千种"中国好声音"，但值得前瞻的永远是一个新世界。中秋夜四强对决最后的结果多少有些让人意外，梁博以一曲《我爱你中国》捧得冠军，在此之前，他的PK之路险象环生："盲选"阶段只有那英一人转身，"对决"阶段遭遇人气经验皆在其之上的"美甲店店主"黄勇，"导师考核"阶段以那英与媒体评审团的唯一一次所见略同险胜"音乐疯子"张玮。众人公认的是，他仿佛年轻版的汪峰，还没有经历太多失望，也尚未体会人间沧桑，把每一首歌都唱得干干净净、风淡云清。尤其是那首"对决阶段"的《北京，北京》，年轻的梁博借此PK掉被微博网友挖出其早已是专业歌手而非单纯美甲店店主身份的黄勇——我愿意相信后者的失败不是因为他不再年轻，而是他不够真诚。

声音的真相和爱情乃至每一种真情无异：我爱他，而不是别人，是因为他更贴近我曾经或者此刻的灵魂。

原文刊于 2012 年《芭莎男士》11 月刊"年度人物特辑——编辑手记"，本文有删节改动

［ 与田明的倔强对话 ］

"价值观是一切产业链的本源。"

/

"《好声音》将我们心中'敢于自然'的欲望唤醒。我们听到自己心底对公平、真情的渴求，流行文化给予了人们一个表达好恶的平台，我们永远需要这样一个媒介，但如果我们只有这一个，却是一种毋庸置疑的悲哀。"

/

对话丁丁张
［我看到的是眷恋］

在社交媒体上，"丁丁张"是备受追捧的有趣段子制造者；在文学界，他的一部《人生需要揭穿》甫一上市就创下 20 万册销量，被外界封为"新生代揭穿型作家和情感顾问"。他是 2012 年出版界跑得最快的一匹黑马，毫不留情地揭开了大家人生中不愿示人的疮疤。

我看到的是眷恋 /

我已经很久没有意向和人讨论爱情了，这件现在鲜有提起（按照丁丁张的形容是"臭脸"）而以前最喜欢和人聒噪的事情。

并不是别的什么，而是我日益觉得，我甚至没有讨论爱情的资格。

我从来没有得到过自己希冀和理想中的爱情——这就是我的爱情真相——我甚至不知道未来能否得到。尽管我一直奉劝自己：变成一个更好的人，就能得到更好的爱情。但我知道，这句话对够努力、够聪明的男人来说可能是真理，但对我这样的女人来说，很可能是一句蠢话。

这真不公平，可是，也没有别的办法。作为一个女人，当你决定要避开男人这条人生捷径的时候，就已经选择踏上一条艰难险阻的漫漫远程。这就是我做出这个选择时所没有预料到的真相。得到其实也未必是得到，而是留存的不过是一点点骄傲。你看，我是这么一个不懂得计算投资回报率的人。

这就是我在丁丁张的《人生需要揭穿》里看到的一种久违的、真挚的、讨论爱情的态度。他讨论的爱情都是真爱情，或者说，只关乎爱情本身，这和现代男女掺杂利益考量的合伙人关系不同。他取材进故事里的人，家境不明，职业不明，性向不明，年龄不明，目的不明，可是这样的面目模糊却挡不住他们在寻常岁月里出生入死的英豪侠气，那个江湖的名字，叫做"爱情"。他们就像江湖上流传的一段段传奇，没有过去，也不在乎未来，只讲求此时此地的饥饱与暖寒，无可救药自甘堕落成孤儿、流浪儿和原始人，对爱情的投资回报率的计算几乎都蠢得吓人。

恰是这种吓人的天真，是我希冀和理想中的爱情最本真的样子，是我十几年前对爱情的态度。那个时候，我不需要和任何人讨论。我爱你。我不在乎过去，不在乎以后。我不知道什么是吃亏，什么是做买卖，什么是长久计议，什么是等价交换。我终究走上了这样一条我曾经不屑的人生道路：人总得拿自己有的，去交换自己所没有的。可是其实是一样的——人生里压根没有"赢利"这回事。

那么我们，那么快地选择牺牲掉爱情，又是为了什么呢？

这就是如今的我没有办法看完丁丁张的《人生需要揭穿》这本书的原因。我必须那么深刻地直面已然逝去的自己，那种眷恋让我无地自容。我所能做的，只能是把大学里的文字翻出来，再一次地祈求：

"让时间过得快一点吧上帝，让我可以拿起背包说走就走，让我碰到我的男孩和他一起白头，让我相信这个被速度和物质模糊了灵魂与良心的世界还是有救的，让我们用相同的姿态看过世人贪婪残酷的风卷残云后还能互相取暖和依靠，让时光来证明那样的明天值得今天所有隐忍的疲惫、宽恕和煎熬。"

如果你是一个对爱情还存有希冀和理想的人——如果你如我一样，尽管失望但还愿意成为那样的人——都应该去看看丁丁张的这本书。他揭穿的不是人生的真相，而是用尽全力去洞穿你那颗冰封已久的心。他助纣为虐的武器不是别的，是一腔热血——真正的爱情自始至终所需要的东西，否则，你永将成不了自己爱情的英雄。

　　而我在此祝福你。我希望你在无论多么气急败坏以及心如刀绞的时候，都能够有勇气说上一句：TMD，可是我爱你！

［与丁丁张的倔强对话］

"继续臭脸吧——这是你的权力，也是你的魅力。"

/

"一个对爱情还存有希冀和理想的人——尽管失望但还愿意成为那样的人——都应该去看看你的这本书。你揭穿的不是人生的真相，而是用尽全力去洞穿那颗冰封已久的心。助纣为虐的武器不是别的，是一腔热血——真正的爱情自始至终需要的东西，否则，人永远成不了自己爱情的英雄。"

/

对话马良
［永远的方舟］

"我要在你平庸无奇的回忆里，做一个闪闪发光的神经病。"说这句话的人，是中国当代最具影响力的观念摄影师、最具影响力的当代艺术家之一，第一位获得世界黑白摄影大奖金奖的中国摄影师。国内外媒体在他身上贴了无数赞誉的标签，但他仍认为，"人生不如意，十之八九"。这是他看透，也看淡的人生。

最早注意到马良，是在 2006 年，那时学姐出版的书找了他的摄影作品做封面。

那幅照片在 20 岁的我看来是如此特别：四个戴着白色无表情面具的人，在上海欧式烟囱状的连排房子前，抬脚，飞奔，躺倒。特别，是因为它契合当时我心中对生活的隐匿情绪：在这样一个过速发展，以至于不时凸显出懵懂的庞大国度，生活就像被速度模糊了的灵魂一样令人失望。

那时我刚迈入"2"字打头的年龄，根本不知道这个真实世界的生活是什么样的，真心避之不及地被它抬脚踩碎了，但在五年后这个暮春的黄昏，我深切地知道自己的人生已经遇见并且日渐熟悉起这种心碎的滋味。当我站在威海路 696 号，这个即将消失的野生创意园区时，我甚至不能用文字对此予以快意的一击。我想到了马良印在书封面上的那组最初的照片。"不可饶恕的孩子，"他在这个名字后面这样写，"一生中 / 我多次撒谎 / 却始终诚实地遵守着 / 一个儿时的诺言 / 因此，那与孩子的心 / 不能相容的世界 / 再也没有饶恕过我。"

你是否轻易饶恕了自己 /

事实上，人与人之间的区别很可能就在于，他是否在这场令人失望的生活里，轻易地饶恕了自己。

马良显然没有。2004 年，他放弃了职业广告人的优渥生活，决然地辞职做一个"创作者"。"我不喜欢艺术家这个说法，我只是选择了一种生活方式。"他在历经三次搬家后最终落脚在威海路 696 号，用五年时间干了别人十年干的事，完成了"从艺"后 80% 的艺术作品。其中最重要的转变是，从以 696 为题材的"禁忌之书"系列开始，他不再将"真实世界"作为背景、"奇特人像"作为前景，而是逐渐惯于自己构建道具、场景和舞台，创造一个新世界。

那些表达着失望之情的"面具人"系列，在我昔日熟悉的"马良世界"中已经远离了。虽然马良还是会在邮件里略带失意地告诉我："梦想之地"永远有两个意思，一是梦想般美妙，二是像做梦一样不牢靠——可惜我们遇见的总是后者。他看上的一处房子因价格原因没有谈下来，而我还记得他看着房子的照片傻笑了一整晚的样子。"我要把天窗开起来，日光灯管竖着放……做荒野地带的大王。"那时他热烈地想象着如何装修他的新乌托邦，而今他和着吐出的烟圈淡淡地吐出一句："人生不如意，十之八九。"

上帝眷顾坚强多情的人 /

这就是真实的人生。你永远不能指望戏里的台词能够成真——上帝会眷顾那些勇敢的、坚强的、多情的人。即便你也许真的是那样一个人。

通往马良 696 工作室的道路像其作品一样充满隐喻：曲折幽深的楼道，青苔遍地的角落，透出微光的天井……而组成他世界入口的是一个"童话世界"：罩在门锁上绘有女孩的糖果铁盒、驯鹿状的门把手，以及绘有扑克牌图样的木板橱门——不是侍从 J，不是皇后 Q，而是长着浓密胡须的国王 K。

什么样的人才能永远记得童话而不忘怀？浪漫到无可救药的人，因为不忘怀的根本原因是难以忘情。"眷恋"将人对这个残酷世界的适应力降到了最低，并使患有"浪漫"这种先天性疾病的人做出与大多数人不一样的选择：不是拥抱这个世界成为它的一部分，而是靠着抵抗的余温承受孤掌难鸣、唇亡齿寒、背信弃义。我想马良和我一样，这是一个不会随着长大无疾而终的问题，它只会在日渐生厌的生活中变本加厉。

直到一个新世界的诞生，才能够得以重生。创作者总是重复着这一过程，而事实也是如此：新世界构筑在旧世界之上，才是世界得以运转的真相。这一次，马良在即将搬迁的工作室一隅搭建出了一个"老照相馆"——一个"眷恋者"的惯用方式，而之所以选择"老照相馆"，是因为其在贫瘠的旧时代被寄予了更多的热望，更为形式主义和仪式化地体现了这一摄影与生命交错往来的过程。

在此之前，从做美术指导开始，马良已经有意无意地收集了上海老照片很多年，他计划用 2011 年一整年只做一个"老照相馆"的系列作品，但突如其来的园区拆迁通知让他不得不提速，花半个月时间抢在工作室搬迁之前搭出一个"老照相馆"。热气球和船的平板模型、绘出的云烟、手扎假花的树林……一切都是马良最擅长的"搭景式艺术"，但他更想做的，是像"白色上的白色"系列那样的作品。这一标题来自葡萄牙诗人埃乌热尼奥·德·安德拉德的长诗，诗歌探讨的是家园、童年、爱情、生活、身体和死亡等命题，而让马良眷恋的老相片及其拍摄过程，亦是如此。"照片会成为一些证词，来证明你曾经的拥有，和已经的失去。"他对我说。

"人面对镜头的那一瞬间是有企求的。他希望能够以照片中呈现的状态，代替现实中的自己去面对这个世界。而最后给出的这一瞬间，正是因为认为这一瞬间代表了他所希望实现的一切。"

试图表达"一个比现实生活中好的自己"，妄图留住"一个一切永恒不灭的瞬间"，这是马良对摄影的理解。

一切刻骨铭心的都是脆弱 /

　　然而艺术无法反抗的不只是制度，它连人生也不能超度。只是在创作的过程中，那些不得已的裸露让人直面了真实的自己，"没有避讳虚荣，没有避讳虚弱，作品才会变得强大，才会好像火种撒向了更广阔的地方"。

　　在搬到696工作室之后那方难得的寂静里，马良坐在他窗边的猩红色摇椅上，一遍遍地看安德烈·塔科夫斯基的《乡愁》。一幅幅写满隐喻的画面在黑暗中掠过他的眼前：跪倒在圣母玛利亚像前祈祷的女人，沐浴在温泉里求青春恢复的村民，高举蜡烛试图赎罪的老人……马良一直都看不懂，在无数次的看着睡着又醒来的过程中他甚至为自己的浅薄感到耻辱，"我的心灵居然接受不了那个频率"，直到在696埋首苦干做了很多作品之后，突然有一天，仿佛影片中从未明现的"乡愁"一般，有一束突然而至的"精神之光"让他醍醐灌顶地看懂了全部，"我就觉得，我突然就觉得好像世界为我打开了，原来生命可以有很多种"。

　　在四月的上海，这个深深的雨夜，我窝在同样的位置上抽掉了五支中南海点五，而马良在筹备696最后的开放展，他站在已经拆卸为废墟的"老照相馆"前，高声朗诵着一首诗："在我的祖国／只有你／还没有读过我的诗／只有你／未曾爱过我。"

　　深爱或者不爱，在各种各样的人生选择里，永远有这样一种：一辈子都在做一个命题，远离近在咫尺的幸福，修行去完成一项"存在主义"的论证——

证明世间确有那样一叶方舟，让人生可以承载原以为不能承受的孤独，横渡非时光不能显出其愚蠢的哀愁。我们的"刻舟"方式和"求剑"所指均不尽相同，但我们都相信这个深如大海的世界需要一些盛放和怒容，宛若焰火，哪怕转瞬，即逝。

原文刊于 2011 年《芭莎艺术》10 月刊艺术大片之"特约撰稿"，本文有删节改动

［与马良的倔强对话］

"照片会成为一些证词，来证明你曾经的拥有，和已经的失去。"

/

"深爱或者不爱，在各种各样的人生选择里，永远有这样一种：一辈子都在做一个命题，远离近在咫尺的幸福，修行去完成一项'存在主义'的论证——证明世间确有那样一叶方舟，让人生可以承载原以为不能承受的孤独，横渡非时光不能显出其愚蠢的哀愁。"

/

图：马良摄于"移动照相馆"艺术项目

对话王菲秀
［但愿人长久］

她是歌坛的传奇人物，从最初走红到隐退，复出，永远霸占着娱乐版头条。她在爱情中永不退缩和勇往直前的态度令所有人向往，也仅仅止于向往。她的歌迷如今多已成为社会中流砥柱，但并不妨碍继续喜爱她的歌声。她的"复出秀"呈现了井喷效应，这代表着人们对一个黄金时代的深切眷顾。她是王菲，她之后，中国歌坛再无传奇。

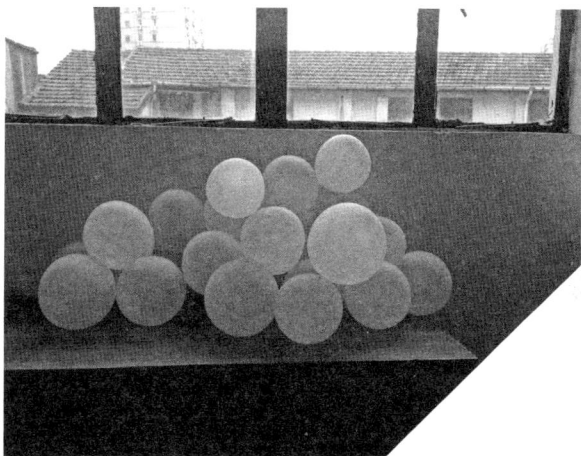

但愿你的眼睛　只看得到笑容

但愿你流下每一滴泪　都让人感动

但愿你以后每一个梦　不会一场空

——《天上人间》

"秀"之后起 /

1990 年以后，再也没有一个中国歌手像王菲那样符号般地承载了如此多的寓意。

她以一代王妃般的孤傲姿态成为 70 后的向往，80 后的最爱。从 1992 年接近双白金销量的《容易受伤的女人》，1999 年的《只爱陌生人》、《你快乐所以我快乐》，到 2000 年《寓言》里的《笑忘书》，她与窦唯、谢霆锋如《红豆》中所唱般"相聚离开，都有时候"的爱情故事就像她的歌声一样，深情自我却不需要对方领情。直到 2003 年，她出了《将爱》，嫁给李亚鹏，从此暂别江湖。

伴随她辗转的爱情辉煌而又沉默的，是全球唱片业的兴衰转合——技术迅猛，数字残酷——随着在线下载的成熟与盛行，人们不再愿意花钱买实体唱片了。

演出市场的洗牌首当其冲。国际性大型演出集团由此催生，麦当娜转投七年来一直为她制作巡回演唱会的 Live Nation，一签十年；与麦当娜同龄的迈克尔·杰克逊找到在全球拥有规模化场馆的演出公司 AEG Live 操办他的演唱会——数量从 10 场一路追加到 50 场，75 万张门票短短 5 小时内就销售一空。这场名为"This is it"的演唱会指明了冷酷而疯狂的事实：有无新歌不重要，演唱会最赚钱。

但噩耗传来。2009 年 6 月 26 日，迈克尔·杰克逊停止了心跳，与之同样停止，再也无法超越的，是唱片业黄金年代专辑《Thriller》达 1.04 亿的发行量。

中国也不例外。

十年白驹过隙。王菲唱着小众歌手李健的《传奇》奇迹般归来，不是出新专辑，而是成为在京沪两地各巡回连续举办 5 场演唱会的中国内地第一人，其背后推手——正是曾站在杰克逊背后的 AEG。

事实就是，唱片业兴盛不再，创新不如怀旧。在这以王菲为名的"秀场"上，歌声依旧，做秀的台前幕后却已非故人。

王菲，她的"复出秀"呈现的井喷效应代表着人们对一个黄金时代的深切眷顾；

而她与她的演唱会，则或将成为中国迈向标准化做秀时代最醒目的见证。

一梦十年 /

如果没有比较，便不能够体会——在得到与失去之间，有着太多的方式。

演唱会采访后，很多人问我："王菲的秀做得好吗？"

我的回答是："我觉得，并不一定是王菲的这场秀做得有多么好，而是王菲的身上维系了太多人的青春和梦想。所以它无论做成什么样，都会觉得是好的。所有的幕后推手，只要不出错，就是赢家。"

王菲的秀不是一场 Live 秀。

这不只是因为她的演唱会受限于她安静唱歌的方式，还是基于来听她演唱会的我们每一个人，在经过峥嵘岁月后对命运的选择——任何一个选择要用力感觉和证明所谓"活着"这件事的人，都必须承担为此所付出的代价——那些尚未得到，和业已失去。

与王菲的这一场倾城之约里，我们纪念得更多的是"业已失去"的部分。黑胶唱片、盒装磁带、录影带……音乐工业的革命无情地让唱片业多出了一系列收藏品，与之一起收藏起来的，还有我们以为我们深藏在灵魂中已死的部分。

但，一场演唱会、一个晚上、一个人、一首歌……却可以让这一切全盘复活。

这就是"有时候"的意义。虽然人生的大多数时候，我们相信的部分是从那句"等到风景都看透，也许你会陪我看细水长流"，渐渐转到"相聚离开，都有时候，没有什么会永垂不朽"。

对于每一个人，最残酷的打磨莫过于岁月：不年轻了，并且也只可能不再年轻。得以稳定下来的人间情意，才是圆满得道。王菲得到了——她孤身从内地到香港，到纽约，再到香港，最后回到北京，在歌路上，她的执著和勇敢让她终究远远不是过客。

她一直相信，然后一直受伤。在感情上，她有孤寂时期的空灵落寞，失恋时期的徘徊隐忍，落地时期的厚重满足……她亲历的是大多数人的挣扎与痛苦。

空渺飘零，花落水流，没有什么比歌声里的她更让人亲近。这一次，她的演唱会从"冬"开始，"清冷"是她赖以成名的声音质地，舞台上是雪峰冰山，倏然开裂，人声同出；以"春夏"交接，"热烈"是她用情至深的爱情旅程，屏幕上花团锦簇，盛放后幻化成落英缤纷；以"秋"结尾，"眷恋"是她脸上最深刻的表情，在眼尾扫上去的红色妆容让人忆起她给百事可乐代言时的晒伤妆，在那张海报上，她的长发微微拂起，眼神骄傲无畏地瞪视着全世界，如今她的脸廓依然分明，安稳和牺牲作了注脚，在她背后升起的斜角屏幕投射着她的 3D 影像，仿佛还是当年的那个小女孩，以倔强的姿态站立在那里，空空旷旷，没有归宿，心中却有火焰腾起。

在这场无非大同的人生里，这是我们每个人的曾经。在离开后如期归来，这正是回归的意义。

散场，我随着人流沿着长长的世博轴往来时的路慢慢挪移。周围是人声汹涌，但这一场演唱会，却听得我无言以对。

一幕幕如同电影。罪恶的人看到善意，衰老的人看到青春，沧桑的人看到甜美。一些画面如此遥远，一些感情如此模糊，一些情景如此残酷……都散场了。

或许对扑面而来的庞大虚无的岁月，能与之抗衡与之相对的方式，唯有文字与音乐。

文字是证明，音乐是背景。在一切尘埃落定以前。

一梦十年，灰飞烟灭。她如烟火般绚烂，梦中人走出，现实中人观瞻余烬。

即便是一场倾城之恋，我们也从不如初见。这是一首老歌，但让我们唱完。

原文刊于 2011 年《芭莎男士》1 月刊"特别报道——编辑手记"，本文有删节修改

[与王菲秀的倔强对话]

"王菲的秀做得好吗？"

/

"我觉得，它无论做成什么样，都会觉得是好的。这不只是因为她的演唱会受限于她安静唱歌的方式，还是基于来听她演唱会的我们每一个人，在经过峥嵘岁月后对命运的选择——任何一个选择要用力感觉和证明所谓'活着'这件事的人，都必须承担为此所付出的代价——那些尚未得到，和业已失去。"

/

第四章

——凡人英雄记／

在所有人事已非的景色里　我最喜欢你

丁行／我最亲爱的父亲：上海春逝
696 艺术家群像／梦断 696：拆迁倒计时中的生存纪实

丁行
［我最亲爱的父亲：上海春逝］

上海武定西路最迷人的部分当属孤岛时期遗留下来的老洋房。

而 1251 弄 21 号因历史的巧合，聚集了一批当时最出色的文化人，上海的影坛和文化创作因他们的到来收获了一个高峰期，这其中包括导演丁然和《小城之春》里的演员妻子张鸿眉。不久时局骤变，这群因上海梦而聚集在这里的人短暂地瑰丽了上海，终于没入历史的尘土。

只剩下丁行，一个命运安排的留守者，成为那个永不再重演的时代唯一的证人。

1978 年，他终于搬离武定西路 1251 弄 21 号，这个他生活了 23 年的地方。

要搬走的那一天，曾经的五口之家只剩下他一人。他里里外外地走了一遍，无数喧嚣在他心中响成一片：房间里揣摩剧本的台词念诵声，楼道里邻人的相互招呼声，窗口边孩童游戏的歌谣口诀声，花园里的相机咔嚓声……这些"美好如初的人生" 和"源于生活的艺术"全盘消失了，正如 1970 年那一夜之间在他心中突然降临并再无消失过的沉默和恐惧。

那一年凝聚了他所有的破碎往事，他突然一个人伫立在命运的关口，十五岁的他开始孤身待在老房子中，和命运相近的邻家孩子一起，直至长大成人。

与过去联结的梦想已然破碎，如今的他在现实中几乎找不到任何文艺世家的样子。哥哥退休后在大学兼职教书，姐姐在嫁给一名军官后衣食无忧，而他自己则在改革开放后下海，用做生意赚来的每一笔钱换取了他想要的物质生活：手表，相机，音响，轿车，房子。然而在知天命的年纪，他却愈加沉浸在对过去的眷恋中。正是他眷恋的过去让他有着与当今格格不入的温和、隐忍、优雅、深情。这一种眷恋中，他不可避免地在电影中温习到以父母为首的那一组旧时代群像的音容笑貌。

他告诉我，"文革"以后，北京电影制片厂《海霞》剧组到上海来找过父亲丁然。"我们有一个非他演不可的角色。请问他在吗？"他回答："不在了。"说完，他才发现自己用力屏住了呼吸良久。

他也还记得，2004 年春天，中央电视台《电影传奇》的摄制组来上海采访母亲张鸿眉，特意要母亲领他们去了一次松江，寻找当年拍《小城之春》的断墙和小河。在河边，母亲说："变了，一切都变了，只有当年春天的气息我依然感觉得到。但我老了。"

2005 年 12 月 6 日，他和我参加了一场葬礼。他看着母亲张鸿眉的遗体很快地被推进焚化炉，对我说："我此生与中国电影最后残余的一点关系终于消失殆尽。"然后陷入无尽的沉默。

在《小城之春》中，春意总是如同掠过断墙的阳光一样稍纵即逝。在他的人生中，永恒的可能只有"失去"这件事。一段最好的时光，多少波澜壮阔，温情暖意，最终都陨灭了，而他站在这洋房里，透过自己的记忆眺望已经消失的世界，命运让他成为留守者，成为那个永将不再重演的时代唯一的证人。

他是我的父亲丁行。

"一段真正的黄金岁月" /

一幅郭沫若题诗的真迹悬挂在他的房内，这是他的父亲丁然和那个老上海唯一幸存的纪念物。

1942年4月，郭沫若以10天时间完成的5幕话剧《屈原》公演。这一新派历史剧当时轰动了整个国统区，报纸形容其盛况"如同一道刺破政治阴霾的耀眼的闪电、一声炸裂浓重黑暗的惊雷，将这时代的愤怒复活到屈原时代里去"。

获得郭沫若的题字时，丁然从重庆卫戍司令部政治部附属抗敌剧团转至中华剧艺社已一年时间。1942年10月，他是在饰演夏衍创作的5幕剧《法西斯细菌》中的青年钱裕一角时遇见了张鸿眉。这个差他9岁的15岁小姑娘，当时他还不知道，她是中国十大出版商之一、上海书商张静庐最为宠爱的小女儿。

从1941年10月至1945年5月，重庆的四次"雾季公演"一共演出话剧128部，从小在重庆育才学校戏剧组长大的张鸿眉如鱼得水地饰演了《雷雨》中的鸣凤、《家》中的四凤、《大明英烈传》中的方小娟……一系列丹唇外朗、明眸善睐的少女形象让无数人怦然心动，一众追求者包括当时在重庆话剧界一致盛赞的才子黄宗江，但张鸿眉却独独钟情于丁然。很多年后，他曾问过母亲原因，母亲淡淡地说："就是因为一起演戏，演着演着……就爱上了他。"

1945 年 8 月，抗战结束，随中华剧艺社于 1946 年底的移师，丁然和张鸿眉回到了战火纷飞后的上海。他们很快完婚，证婚人是姚文元的父亲姚蓬子。

他听母亲描述过那段日子，"一段真正的黄金岁月"。彼时的上海人头攒动。从"孤岛"时期开始，电影在上海从来都是一种独特的精神产业，抗战胜利以后，许多文艺工作者从大后方辗转来到上海。

在张静庐的一手安排下，丁然与张鸿眉成为私营电影公司国泰影业公司和文华影业公司的特约演员。虽然时局并不安稳，他们依然不惜把第一个儿子送往丁然的家乡武汉寄养，因为年轻的他们太过热爱演戏。

重庆的演艺朝圣路在上海得以继续。

战火的余烬还在蔓延，但躁动的时代让人心潮澎湃。此时的丁然已经脱离出最初在上海落脚时的演员角色。在《三毛流浪记》、《胜利重逢》和《淮上人家》之后，他厌倦了饰演那些面目英俊西派的反面角色，尽管业内将其誉为"上海滩数一数二的反派名角"，他依旧决然地走向从演员到导演的转型之路。

事实上，他的脾气也让他很难甘作演员任人摆布。在上海滩落地不久，他就已经与大导演陈鲤庭吵翻，当场撂下拍了一半的戏并把在同一剧组的张鸿眉拉走。最终是张静庐出面将此事平息，从此丁然的"小开脾气"也在上海滩出了名。

而母亲在老年还记得那个场景。1947 年春天，在编剧李天济的推荐下，她在上海郊区松江一间破房子改造的摄影棚里见到了主持上海实验电影工场的才子导演费穆。

虽然已结婚生子，但她依然是两条粗壮的小辫子，打着蝴蝶结，习惯把它们有节奏地甩到背后去。费穆在见到她之后，高兴地把这个动作添加到了剧中角色妹妹戴秀的身上，他称她为"春天里红的花，会唱歌的小黄鹂"。

《小城之春》于 1948 年由文华影业公司顺利出品上映，但之后的一切并未顺理成章。1949 年春天，费穆逃到了香港，他抱憾未能完成此前已投拍三年的《锦绣河山》，原因是该片拍摄的主题"抗战胜利后的和平建设"已远不符动荡时局。

虽然上海电影制片厂于 1949 年 11 月 16 日成立，先前分散在七大私营电影公司（注：昆仑、文华、国泰、大光明、大同、大中华、华光）的演艺界专业人士纷纷签约入驻，丁然和张鸿眉也无例外，但他们却鲜有戏拍。1951 年 5 月 20 日，"认为电影《武训传》是反动的资产阶级改良主义思想的代表作"的批判运动发生，在全国持续近半年。

1951 年全年，上海电影制片厂一片未拍。身为演员的他们愈发显得被动——因为批判运动，演职员们全体脱产搞运动。"日子比演戏时还忙活，心里却空空荡荡。"他们日后回忆说。1952 年上影厂全年只拍了一部片子《南征北战》，母亲极其不易地在这部影片中谋得一个小角色。之后又是两年赋闲，不得已之下她前去译制片厂配音，以填充几近空白的艺术生涯。

这一等，他们等了三年。在那三年里，尤其是作为女演员的母亲，常会与父亲感叹青春的易逝。情况直到三年后才出现转机，《宋景诗》成为她进上影厂六年来接拍的第二部戏，而之前频频在《萌芽》上发表文章的父亲，心中创作的火焰也已经蓄势待发。

风起云涌的新世界 /

从他记事以来，父亲在生活中从来都一丝不苟，仿佛随时等待上台表演。但父亲的厚积薄发，是在 1955 年以后了。

1954 年初起，在"百花齐放，百家争鸣"方针的指导下，上影提出自由结合、自选剧本、自负盈亏和以导演为中心的"三自一中心"设想，在不到两年的时间里，上影厂共拍摄故事片 32 部、舞台艺术片 14 部、纪录片 2 部。

那段时间，上海似乎又恢复了一部分"黄金岁月"的面貌。而丁然也在从演员到导演的转型中换过了艺术创作的方式。在通过一系列反面角色体验到人性的极端一面后，他对日常生活与普通小人物反而生发出浓厚的兴趣。在 1958 年的《追鱼》之后，他正式从副导演转向独立导演和编剧，以 1962 年的《女理发师》一举成名。在集中了韩非、顾也鲁、谢怡冰等几位擅长表演喜剧的名演员外，他特意挑选了从未演出过喜剧角色的王丹凤来主演。为了消除王丹凤此前以悲情角色成名的表演惯性，丁然要求王丹凤到上海的南京路理发店体验生活，拜当时上海著名的理发师刘瑞卿为师，并要求她天天报到。

《女理发师》这一手法新颖、风格清新、以劳动者为主题的新派喜剧影片，在朝鲜放映时博得金日成的赞扬，丁然一时名声大噪。他的文艺级别攀升到七级，每月的工资达到了一百八十块钱，来邀其合作的人络绎不绝。

那时候，丁然最常去的地方是延安西路的文艺会堂。

文艺会堂在解放前是一个英国人开的俱乐部，平台、草坪、桌球室、网球场、舞厅、咖啡座一应俱全，为当时上海文艺界人士的聚集地。

后来回想起来，这个上海文艺界的据点简直是一个"文艺乌托邦"。

丁然通常与人打上若干局台球，孩子们则被他安排进舞厅改造的多功能厅看电影，在深红色丝绒幔子挡住光线的室内听得分外清晰。如果赢了球，孩子们会被带进桌球室，坐在沙发上等待从文艺会堂北面的华山饭店送来的点心，有春卷、小笼包、西式蛋糕，而丁然自己则与友人靠在球桌中间的吧台上轻声交谈着文艺创作的想法。

他记忆最深刻的是，只有父亲赢球的时候，他们小孩子才有东西吃。有时候，他和姐姐丁佳饿着肚子就回家了。母亲总是会问："你们吃东西了吗？"若他们略带委屈而又有些幸灾乐祸地回答："没有！"张鸿眉就知道丁然输球了，她便笑笑，叫保姆王妈准备开晚饭。

1955 年，生活的一切都步入正轨。丁然与张鸿眉带着两个孩子，连同从武汉接回家的大儿子丁汕和家佣王妈，搬到武定西路 1251 弄 21 号这幢英式洋房的二层主间。这一片英式洋房由一个身份不明的英国老太建造，她将其中 16 幢出租给曹家渡开厂的洋人和资本家，自己独居其中的一幢。

他最爱从阳台的窗口看着母亲回家。当五点的夕阳染红武定西路，母亲的身影便慢慢在 100 米开外的路口拐角浮现。虽然她也开始随丁然往导演转型，不再穿旗袍了，也不再梳两条粗辫子，人们不再喊她"张小姐"。但如今的她齐耳短发，眼神温润，踏着有跟的皮鞋神采奕奕，那是超越少女甜美的迷人风韵——母爱。

每当母亲出现在路的一端，他便和姐姐一起欢叫着汇报"妈妈，妈妈回来了"，一边转身飞奔下楼梯，帮王妈到公用厨房把早已焐在灶上的饭菜端上桌。有时候是鸡蛋饼，有时候是鱼头汤，不时还有螃蟹，夏令时饭后还有西瓜——这两样食材是丁然最喜欢的，他一点也不像个武汉人，吃起螃蟹能把蟹壳蟹肉分得一清二楚，挑起西瓜来也是一干二脆，那是他在"四清运动"时和川沙瓜农学的本领。

日子正在好起来。此时的上海已经从解放前的单一故事片，发展成综合性电影生产基地，上海科学教育电影制片厂、上海美术电影制片厂和上海电影译制厂相继成立。

由此，21 号这一整幢归文艺系统分配的洋房也变得日益热闹起来。当底楼的电影编剧兼作家师陀搬走后，上海译制片厂的录音师梁英俊夫妇带着两子三女，从东北来上海的美术电影制片厂摄影师兼摄影组组长段孝萱、上海《解放日报》记者虞伯贤夫妇带着两子先后搬入。除此以外，还有二楼带着两子的科教电影制片厂美工师路长初夫妇，三楼带着两女的美术电影制片厂导演胡雄华夫妇，亭子间则是美术电影制片厂美工王龙生夫妇，连汽车间都搬来了上海电影制片厂伙食团负责大厨张宝华一大家，拖着七口儿女。

他感同身受着他们的到来带来的一个风起云涌的新世界。他看着刚从东北来上海的段孝萱阿姨还不习惯上海的雨天，和同事一行十人身着黑色的大棉袄，坐着有轨电车去美影厂上班，如同乌鸦般飘过整座城市，路人纷纷侧目；他也和她的两个儿子一起，挤在人力车上由王妈护送去托儿所，因为此时，从行政副组长转做摄影组组长的段孝萱研究起了水墨动画，正夜以继日地做实验，直到1960年首部水墨动画片《小蝌蚪找妈妈》上映。这之后，她更加留心取材，常从厂里拿来大块头的机器在花园内拍照取景，拍开花的槐树，拍带刺的剑麻，冬天下雪的时候，她就为孩子们留影，平时也会带上他们去美影厂的放映室看内部放的电影。还有时候，那个"名叫英俊，一点也不英俊"的胖乎乎的梁英俊会拦下他说，走，去跟我到厂里配个音，有个阿尔巴尼亚电影需要小孩子的声音！

但对他而言，最重要的是，孩子们在一起，花园成了玩耍的天堂。夏天，他们捉知了，捉蜻蜓，和王龙生斗蟋蟀，看胡雄华种月季；艳阳天，他们打弹子，弹皮筋，捉迷藏，还偷过路长初的黑色永久自行车偷着骑；下雨天，他们或者在大门口的楼道里飞香烟牌，或者坐在发亮的柚木窗台边，看着天，身边经过的大人们总要叮咛一声小心一点。"一张牡丹换两张大前门……一张大前门换两张飞马牌……"在那声声念念、清脆又遥远的口诀歌谣里，一天抽一包牡丹的父亲丁然，总让他手里的香烟牌怎么也输不完。

一个孩子不会那么快想到，人生没有什么是永远输不完的。挥之不去的只会是喧嚣散尽的满园孤独。

没有比父亲更不怕死的人 /

花园的雕花铁门是在 1958 年被拆的，他记得很清楚，拆掉的原因是为了支持大跃进炼钢。铁门一拆，灾难仿佛从此涌进这幢武定西路的老洋房。

在此之前，一个家庭在这栋老洋房里的烦恼，无非是日常的病痛与个人的抉择。

他五岁时，一个星期没有大便，突如其来地就拉起了血，拉满了一个痰盂罐，昏迷后被送到儿童医院，三天后才醒来，母亲在旁边守了三天三夜。"你妈哭着打电话给我，一面打一面哭，什么也说不清，直把我说得光火，从摄影棚直接冲去医院。"父亲事后告诉他，"直到你生命体征稳定，我才赶回去继续拍戏。你这次住院啊，把我写《女理发师》分镜头剧本得来的三百五十块钱全部花完了！"

他九岁时，1964 年，哥哥丁汕执意要报考华东师大的中文系，而母亲则希望成绩不错的他报考复旦理工。"理工我没兴趣！我要读中文系圆梦！"要知道，他在床头绘的铅笔素描头像就是俄国作家契诃夫。"没有一个电影导演是读中文系毕业的！你中文系念出来只能分配去教书！"父母和他对吼，响彻整幢房子。吵到极处，父亲拿起一个茶杯就丢过去，丁汕便逃到他在一层半的亭子间，杯子被他躲过，砸在房门上，碎片撒了一地。他们没能拉得住哥哥，正如无人可挽回一段行将逝去的时光。

但他们已经没机会再就梦想问题争论了。雕花铁门一拆，紧随着的是三年自然灾害，他们度过了一段只有罐头的日子，偶有上影厂的大厨偷带一些肉骨头回来熬汤喝，无菜可买的菜市场连菜皮都被人捡走了。

然而和精神与感情相比，物质上的贫瘠是如此微不足道。进入60年代前后，在全国性经济困难之外，"左"的干扰和政治运动接踵而来，反右扩大化的错误使上海电影创作生产蓬勃发展的势头受到遏制，一些性情耿直的文艺工作者率先受到反右斗争的冲击。

把父母亲的情绪率先抛入深渊的，是与张鸿眉、丁然均相熟的老同事石挥的自杀。

同是话剧演员出身的石挥，在1951年前和父亲同为文华影业公司的主要演员，饰演的角色与父亲转型导演后热衷塑造的小人物异曲同工：《假凤虚凰》中的理发师、《太太万岁》中的守财奴、《夜店》中的店主等。在1952年进入上影厂后，他和母亲在《宋景诗》和《情长谊深》中结下友谊，并先一步转型为导演，在《鸡毛信》和《天仙配》后编剧并执导了《雾海夜航》。他的幽默、耿直、快人快语与同样喜欢直来直去的父亲十分投缘。《雾海夜航》是丁然与张鸿眉同时参演的为数不多的影片之一。

《雾海夜航》初映时大获好评，但风云突变。随着上海反右斗争首先在文艺界揭开了序幕，《雾海夜航》被批判为"影射社会主义之船要沉没"。在淮海中路的电影制片公司召开百余人的批判大会之后，石挥吻别了他的妻子童葆苓，他乘上"民主3号"轮，趁着夜色跳入了茫茫大海。

风雨欲来。整个中国都如同在雾海中航行。在一个文艺创作不再自由的时代里，每个人都即将成为漂浮在汪洋中的一叶小舟，只要浪高一寸，便行将颠覆。

顷刻之间，"否定一切"、"打倒一切"主宰了整个上海电影系统。上海电影遭到了空前的浩劫，一切创作生产活动，包括故事片、科教片、美术片和译制片，都全然停顿下来。最开始，他只是发现周日父亲不再带他去文艺会堂了——那时的文艺会堂，已经被打成了"裴多菲俱乐部"。没过多久，生活便不仅仅是失去娱乐那么简单。上海电影系统的职工开始受到批斗、毒打、抄家、隔离审查、送往五七干校劳动改造，整个21号也未能幸免。从"扫四旧"开始，他看着王妈被辞退，母亲把家中珍藏的一本本剧照拿到院子里烧毁，听着"保皇派"的母亲和"造反派"的父亲在家中争论。不时有陌生人闯入家中，他们喊着"你们是资本家的后代"，把窗台的盆栽用菜刀一劈为二，说"里面会藏不可告人的东西"。突然有一天，小学四年级的他跑到江五小学，只见校门口的黑板上写着一行字："接命令，文学革命学校停课。"他兴奋得一溜烟跑回家，觉得自己可以整天毫无顾忌地疯玩看热闹了。

但他不久就开始在家中整日陪伴父亲。1968年，丁然因创作激情无处释放积郁成疾，咳嗽不止去医院检查时，查出肺部有一块阴影，最初诊断是肺结核，吃了一年雷米封无效后，再做检查时化验出了癌细胞。确诊为肺癌晚期之后，丁然把"四清运动"时结识的一帮医学院学生叫到了家中，他们已经是各大医院的骨干医生。

问诊的结果是要做肺部手术，拿去胸腔五根肋骨。那对一个文艺工作者意味着坍塌自我形象后的残喘与苟活。

父亲拒绝了。他选择了保守疗法：喝药，即便开刀能多活至少一两年。

这是他一贯认识的父亲：为了保全形象，不惜生命。他并不允许生活因为病痛变成另一个样子，唯一的变化只是，父亲把远在武汉的奶奶叫到了家中长住。

在之后的日子里，他成了父亲的左右手。6点钟去买菜，陪父亲到医院看病或者独自一人去医院取药，为父亲去买喜欢的熟食：广东立丰店的叉烧和烧肉，静安寺乐村饭店的糖醋小排骨和熏鱼，西区老大房的鲜肉月饼。有时他偷懒，不排队去买了别家的，却发现病中的父亲还是那么厉害，一吃便知，错了便生气。他作为家中唯一的男孩子扶父亲上厕所，渐渐地，半年后，当父亲连起床的力气也没有了，就帮他把床移到靠近阳台的地方，看他瘦到皮包骨的手在午后的阳光中摸索着打开床边的收音机。

病痛成了父亲在那个混乱时代的庇护，而没有庇护的人都纷纷被逼离家：

母亲去五七干校改造，哥哥去嘉定农田劳动，姐姐去小分队搞宣传运动。但他在家里的日子也不得安宁，"文革"的造反派还是不停地因为林林总总的事来找他问话。

他陪着父亲。在父亲心里，自己还是那个文艺创作高峰期有着无限精力的人——早饭时拿着铁夹子亲自去厨房烘面包，闲来无事便踱步到静安寺的旧货商店搬回来个桃花木扶手的英国沙发，不时把玩手中的钥匙链、打火机、派克钢笔，喜欢喝头两瀑祁门红茶，每天抽掉一包蓝牡丹。

他后来知道了，在无法自由选择生活方式的年代，已经瘦到不成人形的父亲是用着最后的气力，讲究着一点不能称为生活的生活，荒诞剧般地试图维持一点文艺工作者的尊严、体面和愉悦。

"哭什么！大不了就是个死。"这是父亲只说给他听的最后一句话。在他之后的一生中，他再也没有碰到过比父亲更不怕死的人。

尽了始终未结的情缘 /

1970 年这一年，他身边的人如同飘飞的雪花一般一个一个从老宅以无法挣扎的姿态寂静地消失：1 月 26 日父亲去世，他床前墙上还留着被撕了一半的普希金画像；哥哥被分配至贵州插队落户；母亲继续被派往五七干校改造，姐姐被分配至海南岛，墙角她们没有带走的黑色圆头皮鞋还摆放在原处。她们的人生路正朝着不可知的方向挪移。

他从未料到，1955年出生的自己，丁然和张鸿眉最小也是最后一个儿子，会成为留守在这座老洋房里时间最长的人。

不仅他们的家散了，老洋房也空了。整个世界仿佛被吞没了，一切曾有的瑰丽荡然无存：那个喜欢斗蟋蟀的王龙生服毒自尽了，这个苏州美院的高材生被指用一张印有毛泽东头像的报纸擦屁股，被打成了不得翻身的坏分子；那个叫他去配娃娃音的梁英俊死了，他在厂里被揭发倒卖录音机器，突发了脑溢血；黄蜀芹在五七干校牛棚里改造的时候写下了意图轻生的遗书，被母亲发现并制止了；然后是1969年，外公张静庐的确凿死讯，那个喜欢朗声大笑、总叫他"活蹦乱跳的小虾"的老人不在了……每失去一个人，这栋洋房或他的心房就寂静了一隅，渐渐地，一切都悄无声息了。

而上海也成了空城。成千上万的城市青年去了农村，在他看来，一些人是出于被煽动的革命热情，但更多人是随波逐流，并没有真的梦想。

无数个夜晚，他睡在里间的大床上，闭上眼睛也能记起那九棵大槐树在阳光底下的样子，它们庇护着房中那群激昂地讨论诗歌、戏剧、光影的艺术和人生哲学的追梦者。如今这栋老洋房却如同这黑暗环浮的上海一般，重新成为一座孤岛。

老洋房突然像一个孤儿所了，许多邻居都和他家类似，病死的、流放的，只剩下未成年的孩子聚居其中。而且他们被告知，父辈的梦想是错的、理念是错的、价值是错的，一切过往都成了虚妄，他们成了现实和内心真正的孤儿。

老洋房在他心中开始幻化成梦想的坟墓，也成了他开始设法逃离的地方。白天，他到段孝萱阿姨家中搭伙吃饭，晚上，段孝萱的儿子虞迎时常上楼陪他睡觉。每个月，他到上影厂去领母亲的一百三十四块工资，把水电煤费付掉后结余的钱存起来。每一周，他到镇宁路坐 21 路公交车到四川北路看外婆，给母亲写家信。只有在组织伙食采购运输的张宝华的卡车有空的情况下，他和邻居家的几个孩子才能坐在车厢后大篷的米堆上，颠簸三个小时，去奉贤的五七干校见母亲一面。每逢那时，满是芦苇棚的干校就喜庆得仿佛节日。

在等待工作分配的漫长日子里，他靠着读书度日。他频繁地到继承了出版公司的舅舅家借书看。他看齐了杰克·伦敦的每一本著作，对《毒日头》和《海狼》情有独钟。

邻居美影厂作曲家段世俊的儿子，在自己父亲的床底下，发现了一整箱唱片。段世俊也去干校了，他收藏的唱片在"文革"时是属于"封资修"的禁品。他们不敢接扬声器，只是把一张张上好的胶木唱片直接放在唱机上，针尖压着唱盘发出轻微的声响，他们把耳朵紧贴边缘，贝多芬的《命运》、德洛夏克的《自新大陆》、斯美塔那的《我的祖国》……在改革开放后，他才把这些当时未知的旋律与名字准确地对上号。

1972 年 12 月 26 日，他到高桥合成橡胶厂报到上班。工厂先是派他到北京燕山石化厂实习，在这期间，外婆去世。回来后，他被分配到正泰轮胎厂做三班倒的仪表操作工。他在厂里几乎没有朋友，集体宿舍的生活和枯燥机械的工作让他觉得非常痛苦压抑。他用母亲的工资节省下来的余钱买了一辆自行车，不多久又花四百多元钱从旧货市场买了一辆两用车，每天横跨大半个上海回到老洋房，只为临睡前能安安静静无人打扰地看一会儿书。

20 世纪 70 年代中期，"文革"热度减退，母亲终于从五七干校释放归来。然后生活似乎逐渐恢复，文艺创作又活跃起来，母亲开始不断有上影厂内部资料片的电影观摩票留给他。

宁可逃班也要去上影厂摄影棚或星光影院看片，是他死水般的生活中唯一的乐事。在大批知青纷纷回城当工人或者读大学补念书的时候，他一周两次，雷打不动，在本子上记录看过的每一部电影。

而他随口可以诵读的台词来源于翻拍自莎士比亚名剧的舞台剧《恺撒之死》："如果有人问我，为什么我布鲁图斯要杀死恺撒，这就是我的回答——不是我不爱恺撒，但我更爱罗马。你们宁愿让恺撒活在世上，大家做奴隶而死呢，还是愿让恺撒死去，大家做自由人而生？因为恺撒爱我，所以我为他流泪；因为他是幸运的，所以我为他欣慰；因为他是勇敢的，所以我尊敬他；因为他有野心，所以我杀死他。我用眼泪报答他的友谊，用喜悦庆祝他的幸运，用尊敬颂扬他的勇敢，用死亡惩戒他的野心。如果这里有人自甘卑贱，请说出来，因为我已经得罪他了。"他一遍一遍地以无以复加的激情诵读此段，想起父亲无论肺癌、被打骂还是临死时，始终不曾弯曲脊梁的站姿，他才发觉，或许传承自父辈的上海梦并没有死亡，还扎根于某个地方。

1962 年的《女理发师》之后，丁然有一部没有拍成的片子，叫做《古峡迷雾》。所有的分镜头剧本都已写好，被送到北京给郭沫若审，因为甲骨文的问题，未能通过。郭沫若在回信的评语中说：历史总是有待考证，暂且搁下罢。

1980 年，已是上影厂导演的母亲顶住原联合导演强明退出的压力，成功独立执导中国首部科幻电影《珊瑚岛上的死光》，该片的编剧童恩正是丁然那部未完成的《古峡迷雾》的编剧，这一重叠的名字仿佛尽了某一部分始终未结的情缘。

他记得母亲最后在老宅的样子是一个蓦然回首。

1975 年，知道丁然去世了的黄宗江从北京来上海看母亲，这个曾经最为热烈的追求者夜晚执意要留宿。母亲安排黄宗江睡到了阳台上的小床上，他和母亲睡在内间。

一梦醒来，凌晨两点。他睁开眼睛，看见母亲披着一件衣服的背影坐在床沿。就像是那个 1970 年的夜晚一样，她看着他，而他看着她。仿佛一切都发生了，又仿佛一切都远未发生。在一片巨大的寂静中，她回望向他。在那一瞬，她好像又变成了《小城之春》中的那个小姑娘。

他用一种理解的心态在 1976 年淡定地直面了母亲的改嫁，对象不是黄宗江，而是一个完全的圈外人。他继续坚强地过起了在这老洋房里一个人的日子，不断重温这房子里的每个记忆，直到两年后，他突然觉得自己可以离开了。他确信，这栋老洋房最美好的东西并没有被埋葬，而是藏在每颗与此相关的人心深处，如自己那美丽的母亲一样，安静而美好地离开了过去的岁月，融入了这个新的上海。

刊于 2011 年《GQ 智族》12 月刊"报道"，本文有删节改动
（首届"中国非虚构写作支持计划"年度入围万字作品）

［ 父辈的倔强片段 ］

"在无法自由选择生活方式的年代，已经瘦到不成人形的父亲是用着最后的气力，讲究着一点不能称为生活的生活，荒诞剧般地试图维持一点文艺工作者的尊严、体面和愉悦。"

/

"1980 年，已是上影厂导演的母亲顶住原联合导演强明退出的压力，成功独立执导中国首部科幻电影《珊瑚岛上的死光》，该片的编剧童恩正是丁然那部未完成的《古峡迷雾》的编剧，这一重叠的名字仿佛尽了某一部分始终未结的情缘。"

/

"他一遍一遍地以无以复加的激情诵读此段，想起父亲无论肺癌、被打骂还是临死时，始终不曾弯曲脊梁的站姿，他才发觉，或许传承自父辈的上海梦并没有死亡，还扎根于某个地方。"

/

696 艺术家群像 / 梦断 696：
［拆迁倒计时中的生存纪实］

2011 年春，上海威海路 696 艺术园区的拆迁进入了正式倒计时。

这个由多名艺术家亲手绘制的乌托邦，承载了自由、理想和纯粹，但它终究不是哈利·波特的魔法世界，面对拆迁，所有人的魔力都不得不消失，回归凡世。

艺术无法反抗制度，但换一个角度，所有的艰辛与变化都是我们探索"无边的自我"的旅程，艺术也正因此得以鲜活与生存。

最后的房客 /

吴羽斯刚下飞机，她要奔赴的是"威海路696"最后的聚会。

她是入驻696的最后一名房客。这个十七岁的厦门女孩在加拿大独自求学，业余习画，假期被父亲托付给696艺术家之一江雪曼照顾，目的是"在这个相对单纯的艺术环境"里体会"中国式的艺术家聚会"。吴羽斯很快被震撼了，七拐八弯的上海弄堂、无休无止的创意讨论、敞开的工作室、人来人往、瞬间静谧……"696乱的气派像一曲庞大的交响乐，一瞬间就征服了我。"她决定留下来，并签下了园区门口二楼的一个空房间，物业要了她1500元的月租金——很可能是最后一笔收入，但对吴羽斯来说，她在这里展开的是其第一件艺术作品。

2011年1月，696艺术园区被通知三个月的房租到期后将不再提供续约，4月初下达死令，全体艺术家租户在45天内必须搬迁清空，以便使696顺利进入政府"创意产业项目"的改造进程，成为下一个新天地、田子坊或M50。这个时代，无论辉煌还是毁灭都来得太快，让人猝不及防。

暮色给整个园区蒙上了一层幽美而深情的影子。推开弄堂口半掩的绿色铁门，依然可以窥得此地时光的痕迹：角落的荒草，破洞的顶棚，斑驳的墙面，上锁的铁门和栅栏，"696艺术工作室"指示牌和残留的"汽配间"粉刷字……这一切如同舞台布景般混在一起，上演着新旧世界的交替剧目。696号是著名的威海路"汽配一条街"的一部分，直到2005年被以马良为首的一批艺术家发掘，这个八十年代末倒闭的上海原件五厂旧址，就此变成了集中"上海原生态艺术"的当代文化新地标。

对艺术新手，拆迁倒计时中的696是一座能让人变形的城堡。一个白天严谨作画、拼赶进度的工作室，晚上常常集结了园区内的艺术家和园区外来访的服装设计师、DJ打碟手、爵士乐歌手、投资银行的辞职赋闲者、网络女作家、艺术收藏家、广告人等，在展览、798等例行话题的讨论之后，夜晚的高潮在啤酒瓶的碰撞中席卷了整间屋子。工作室主人窝坐在捡来的深色皮椅里，夹着白色的中南海笑得花枝乱颤，被随手拿来充当烟灰缸的有瓷碟、古董盆，还有蛐蛐罐。这一边，广告人两腿间夹着一只倒扣的水桶，给爵士乐歌手即兴敲鼓伴奏；另一边，DJ觉得还不过瘾，顶着苹果笔记本爬上阁楼，接起音箱开始更为热烈的混音打碟。楼下，服装设计师在游戏中输了，被罚去委屈地抱起一根木棍跳钢管舞。即便是原本不认识彼此的人们，也在迅速围拢、熟络交谈。"简直是诗歌。"十二岁就在温哥华独立生活的吴羽斯如此回忆并评论说，"我就那样坐着，有那么一会儿，所有的声音都被夜晚滤去了，就像关掉了电视机的声音，只剩下画面——一群生命经过各种生活形态、意识形态的淘洗打磨之后，呈现恣意怒放的姿态，如果录下来，就是一件当代影像作品！"

这些带着末日狂欢气息的日日夜夜成了吴羽斯的灵感来源。在与师父江雪曼的沟通过程中，江雪曼提供的唯一意见是"不准住酒店，不准花钱买旧家具"。"我不爱管她。艺术是一个自生自灭的过程，有自己的大概念很重要。"江雪曼说，"还有就是，不要重复旧的东西，安逸容易让人如此。"

寄居在江雪曼工作室阁楼的日子里，吴羽斯过着与之前截然不同的生活。早晨起床，出弄堂先去买豆花，再去拐角的85度C为自己买咖啡和面包，白天背着相机走街串巷、拜访园区内的艺术家和工作室，在没有聚会的夜晚静思冥想，逐步将最初的零碎想法完善成型。在很多个夜晚，她对着斜靠着阁楼一隅的镜子照下自己孤单的身影随后进行描摹，而她的1号作品则是关于一个梦境——一个"很美丽的倒着的梦"。

"我在696发现，当代艺术的可爱在于它没有界线。"她说，"就像696，没有乱或者不乱。696，969，人生，艺术……倒影是个很美丽的词。"在一片深浅不一的蓝色中，她画上了两个脚丫，没有人影。让她高兴的是，很多人站在这幅作品前手足无措，"他们歪着头问我，这幅画是不是放倒了？"

696打开了吴羽斯观察世界的视角，她最后决定用租借的整个空间做一个作品，来纪念这个"美好总是迫不及待地散场"的过程。两天两夜的时间里，她找人将工作室的一半刷成黑色，用不再新鲜的残渣甘蔗搭建出一张简易灵台，红字打印出的"696艺术家"名单高悬在墙上，并用裁剪、缝纫、垂下白色的轻薄帐幔遮掩这一残酷世界；而在外间，原为摄影棚的特有白色空间得以保留，两打面无表情的空壳面具错落镶嵌在进门的墙壁上端，空白无畏地瞠视进入者和外面的世界。

696艺术家们选择愚人节后的这一天拍摄696纪念画册的集体合影，仿佛要自认和宣告：这一次的拆迁，不再是一个狼来了的愚人故事，而是一个不得不面对的事实。

　　集体照的拍摄过程井然有序。短信通知的钟点刚到，人们便从工作室漫溢出来，原本安静的园区瞬间沸腾起来。他们躺在亲手搭建的铁架扶梯上，身后民宅里的外人在探头张望——天台，桃花开得正艳，但这一批五年来是彼此左邻右舍的艺术家们，正在丢失他们在这座城市里最后的桃花源。

最后的狂欢 /

清明，上海不出意外地雨落纷纷。在这个拆迁倒计时的关头，站在马良301工作室的窗边俯瞰，很有点"潮打空城寂寞回"的味道。

马良是最早搬入696的艺术家之一。他从职业广告人转型做纯粹艺术家才两年光景，但已经为工作室搬了三次。

找到了696时，房东暗示说"这里随时可能会变迁"，但他毅然搬进了十一号楼，开始构建自己在都市夹缝里的隐匿王国。"扬起的灰尘将光线勾勒出了刀锋一样的线条，割开了这房间里曾经满盈的寂寥。"他这样回忆道，"一切太完美了，我激动得几乎要哭了。"他觉得自己像是"等待着漂流的鲁滨孙"，终于找到了"一座潜没在都市汪洋里的沉默岛屿"。

随着马良的入驻，一些圈内的其他艺术家也渐渐聚拢了过来，"还是蛮浪漫的，一帮人是稀里糊涂地凑到这儿了"，从最初的一月一签，逐步到三个月、一年，再到2009年和2010年的半年一签，直到如今，居然已经扎根了五年，每个人都像对待处女地一般勤恳耕耘着自己的696天地。而在这五年里，随着人的增多和租金的涨高，马良的工作室从三间变成了有阁楼和地下仓库的一间，由单纯的工作室添加了摄影棚、工具间和起居室，养过三只猫，正中央吊着沙袋。"我是个看起来更像建筑工人的艺术家。"他自嘲但不无骄傲地说，"我觉得艺术家其实是身怀绝技的工匠，无论空间还是作品，构建的都是一个废墟之上的天堂。"

2011 年 3 月 31 日凌晨，马良发了一条微博："今天突然接到最后通知，工作室 45 天之内必须搬空。但作品已经箭在弦上，不得不发，而新的房子还没有找到，唉，一下子所有事情一起涌来，让人有没顶之绝望，人生处处都是绊马索，策马不能扬鞭，空悲切。我得暂停微博一段时间了，抱歉！但愿我的热气球可以带我尽快找到理想之乡，晚安各位，我飞了。"

微博配图中的手绘蓝色热气球是马良再造的"老式照相馆"的主要平板道具之一，这组还没有想好名字的作品是马良要求自己在 15 天内加班完成的最后 696 献礼。"我要建一个废墟里的照相馆。"他说，"照相馆有什么存在的意义？就是把人生中最美好的一瞬间留下来，尤其是老式的照相馆，拍照的人都要打扮得很好看，在布景前面伪装成一个仙女，或者一个将军。照相馆在那一瞬间实现他们美好的梦想，然后留下来，有一个浪漫的念头在里面。"这是马良第二次提到"浪漫"这个词，虽然为了实现浪漫，他做的几乎都是看起来毫不浪漫的事：熬夜画六大张草图，到工地上去捡碎木头，劈砖块，裁玻璃，修剪假花，黑色工作服沾着颜料，手指甲里的尘垢非专用刷子不能洗净。

"浪漫"对马良来说是很重要的东西——不是世俗意义上的浪漫，而是人情间的冷暖。为了"老式照相馆"系列作品的拍摄，马良到处搜集旧相框，走投无路的时候发微博求助，有一个朋友的妈妈，从法国快递了在欧洲旧货市场搜集购买的一箱镜框给他，一分钱也不肯收，在二十分钟的长途电话里一直鼓励马良"要努力坚持"。"欠了很多人情了，真的不敢了，以后再也不做这种事了。"挂了电话的马良这样说，但他看起来是那么开心。

"搞创作，有人喜欢你的作品时真的特别开心。认识了你，甚至帮助你——这种事情让我觉得我创造的东西，让我跟这个世界发生了一点美好的关系。艺术创作最浪漫的就是这点，收获一种奇迹般的、超越生活之上的温暖，这种瞬间让我觉得生活多美好啊，创作多么美好。"

　　也许正是这种美好，让马良愿意放弃一个职业广告人的体面生活，甘愿做一个纯粹的艺术家。曾经有车接送的他，已经两年没有买过新衣服，对月租两万起的100平米洋房底层摇摇头。他和自己的三个助手、一个外国实习生日以继夜地窝在696的工作室内，真正开创了自己的艺术世界。"我2004年才开始创作，用五年时间干了别人十年干的事，80%的艺术作品都是在696完成的。"他充满感情地说。从以696为题材和场景的"禁忌之书"观念摄影作品系列开始，马良改革了自己的创作状态和风格，从"没有空间，只能在外面拍"转到"一间睡觉、一间搭景、一间画画的696工作室"，他创造了一个自己的世界，不再将"真实世界"作为背景、"奇特人像"作为前景，而是逐渐惯于自己构建舞台般的魔幻场景和道具，创作"搭景型艺术"。

　　这一次，为了"老式照相馆"，马良戴着手套亲手做旧了每一个镜框，或上褐色颜料涂抹开去，或用锉刀划出刻痕，或蘸石灰粉刷于玻璃之上，不厌其烦，兢兢业业。"我做作品只有一个原则，就是愚蠢地付出很多时间。"他说，"我相信，看起来蠢笨但花费了时间的东西，自然会有一种诚意与美感。"

　　临拍摄的那天，马良凌晨四点就醒了，一个人坐在搭建完毕的"照相馆"里很久。他听见白天淹没在都市噪音里的清丽鸟鸣，呼应着自己内心对这个"灵魂之家"充满眷恋的温言软语。他发了一条久违的微博："庸常生活的喧嚣，掩盖了小鸟的欢乐颂。只有在脆弱的清晨，才听见它们婉转的歌儿，让生活存一丝美好。"

十天前，第一次试验"老式照相馆"的背景时，马良自己做模特，在脸颊半边粘了很多棉花，呼应手中拿着的半根烟"喷出云烟来"。"人生挺灰飞烟灭的。"他说，"没有艺术的话，这人生，对我来说没有意义。"

最后的乌托邦 /

晚上的696安静得像任何一个独自创作的艺术工作者，比白天更容易让人遗忘，仿佛有一堵隐形的消音墙环绕了这块区域。但从"江雪曼工作室"的窗户望出去，便是坐拥中信泰富等高端购物中心的南京西路。

江雪曼乐于待在这个与现代文明保持距离的"失落的世界"里。这个来自福建的女性职业艺术家以"长毛的青蛙"和"变形的黄历"系列成名于当代观念绘画界，现实生活中其发型比衣装变得更快，安静的时候脸上有一种坚毅的线条与神情，一旦笑起来却天真如孩童，仿佛根本不懂得什么是"微笑"。她将696称为"都市里的村庄"，这里门牌号杂乱，杂草丛生，许多看似不通的路径将深藏各个角落的工作室隐秘相连，是一座让即便经常往此地送外卖的小伙子也迷路的"小森林"。江雪曼的经验之谈是："问人名比搞清门牌号更有用。"

2006 年，江雪曼经朋友介绍来到这里，作为最早入驻的纯艺术家之一挑了位于园区西北角的一楼仓库作为工作室，就此安扎下来。长于创作巨幅作品的她以前的工作室在现代住宅区，"楼层很矮，很大的画根本就很难摆开来"，而 696 的沧桑历史感让她觉得宛若新生。为着一股说不清来由的冲动，她花十元钱剃了个光头。"不是要搞个性，也没有什么鼓足勇气……当你想到勇气的时候，你根本就没法剃。"想不到"勇气"这件事，正说明了江雪曼是一个不缺勇气的人。

现在看来，闹中取静的 696 并非天然就提供了一马平川的艺术创作环境。当年在五一劳动节发生的"砸窗事件"，是江雪曼在 696 碰到的第一次麻烦。着手改造仓库时，想将原先被封死的工厂窗户重新洞开，这遭到了正对窗户的巷内居民的强烈阻拦。因为声势浩大，出门在外的江雪曼被建筑工人电话喊了回来。看见身着迷彩服、挎着一个布包的光头江雪曼，一个老头站出来声讨："这窗不能打！你这一打，我们不安全！"而另一些人则不停拨打110，直到警察亲临现场。"是两个帅哥警察。"江雪曼至今记忆犹新，"进来显然摸不着北，他们看看雌雄莫辨的我，又看看满室恐怖疯狂的画作，满脸都是'此地到底是人间地狱还是疯狂魔道'的疑惑。"窗户最终没有完全开成，协商的结果是可以开小半扇透气，而即便如此，在这之后的一整年里，都有对此不满的居民不时将香蕉皮、果核等垃圾从窗外扔进来，"终于有一天，他们扔累了"，艺术园区与普通居民的近邻生活才开始相安无事。

事实上，"充满勇气与行动力"是每个适应 696 生活的独立艺术家身上共同的特质。最初的 696 是一个"不折不扣的垃圾场"，堆满了建筑废材，是马良、江雪曼、张平等一批最早入驻的艺术家将其收拾干净，并慢慢拼接出整个园区的格局。"一周之内就把这个地方占领和修整了。"江雪曼说,"其实艺术家就是可能很爱收拾东西的一个族群。"

江雪曼自己的工作室正是废物利用的典型。

"在夜黑风高的晚上跑到楼上的旧车间捡东西"是她当时乐此不疲的事,"好像捡了很多小故事一样"。将结实的旧门板改装成画台,将石头磨盘巧用为沏茶用具,捡回水磨浴缸做屋内装饰,到附近的石库门拆迁区卸下大扇的废弃窗户做阁楼,给老式椅子套上毛绒作为装置艺术作品的一部分……几乎每一个"696艺术家"都是"捡垃圾大王",但又各有细分。有时在隔壁的静安别墅闲逛,看到一个坐在垃圾桶上的旧布娃娃,江雪曼会打电话给马良:"喂,适合你去捡的垃圾出现了,赶快来!"

"我坐过的椅子,点过的火炉,碰过的所有东西,肯定都要搬走。"面临迫在眉睫的拆迁与搬家,江雪曼显出了超乎寻常的坚定,"我们的生活,已经拥有了太多新的东西,消失了太多不该淘汰的方式……整个中国都在改造,都在赶着把旧东西做成古董,贴上新皮,卖上好价钱。这是我不喜欢的。"

在一个"失落的世界"里开创出来的"美好生活的文明",这正是696让艺术家们留恋但带不走的。这其中包括:

来自新疆塔城的画家张平花钱找人打通楼层、搭建六号楼的天梯,每逢盛夏天台总聚满了喝酒聊天的人,"夜夜都是歌舞升平";

摄影师袁顺华亲手移植泥土,在天台上种"有着纯正血统"的黄瓜、西红柿、辣椒、小青菜,张平也一起在这儿种"花开代表理想"的桃花、樱花、无花果树,并创作"与生活紧密相连的艺术作品";

室内设计师莫恩四年前离开莫干山路,一年前退掉租房,以"视觉艺术家毛毛"的身份把家与工作室合为一体,"把画室当作自己的情人";

来自西雅图的美国青年赵恩(Jonathan Osterman)和六位年轻的国际艺术家组成SHAC(上海艺术团),共用一间工作室,本科专业为宗教学、现职为外语教师的他由此得以在上海展开自己从未尝试的艺术创作,"艺术是一种隐喻,涉及日常和真实";

外号"南瓜"的顾欣楠把工作室变成了动物之家,救助了数只被城市人丢弃的流浪猫狗,"我想如果有新的地方,大家一起去的话,我准备把696园区内能逮到的流浪猫全部转移过去"……

对50名696艺术家而言,696的拆迁倒计时是一场太过漫长而又太过短暂的祭奠。五年,把696的艺术家们紧密结合在一起的,是至为真实的生活;而他们流连不舍的,不只是独立的园区工作室,还有他们以"空间重建者"、"城市拾荒者"和"文明组建者"等多重身份亲手绘制的乌托邦,承载自由、理想和纯粹的实体45天内会被拆卸,但它存在过的价值不会就此陨灭。

696终究不是哈利·波特的魔法世界,即使身为艺术家,所有人的魔力都不得不消失,回归凡世,这就是人生。一群人的欢歌是另一群人的哀悼,一群人的驻足是另一群人的起舞，一群人的别过是另一群人的永生。所有的聪慧都是懵懂，所有的繁荣都是虚空，所有的祭奠都是光荣……与每一个也许不喜欢真相，但更不喜欢没有真相的人一样，他们又一次走在了失乐、流浪与寻梦的求索之路上。

原文刊于 2011 年《芭莎男士》5 月刊"特别报道"，本文有删节改动

［696 的倔强片段］

"696 艺术家们选择愚人节后的这一天拍摄 696 纪念画册的集体合影，仿佛要自认和宣告：这一次的拆迁，不再是一个狼来了的愚人故事，而是一个不得不面对的事实。"

/

"最初的 696 是一个'不折不扣的垃圾场'，堆满了建筑废材，是马良、江雪曼、张平等一批最早入驻的艺术家将其收拾干净，并慢慢拼接出整个园区的格局。"

/

"50 名 696 艺术家以'空间重建者'、'城市拾荒者'和'文明组建者'等多重身份亲手绘制的乌托邦，承载自由、理想和纯粹的实体 45 天内被拆卸，但它存在过的价值不会就此陨灭。"

/

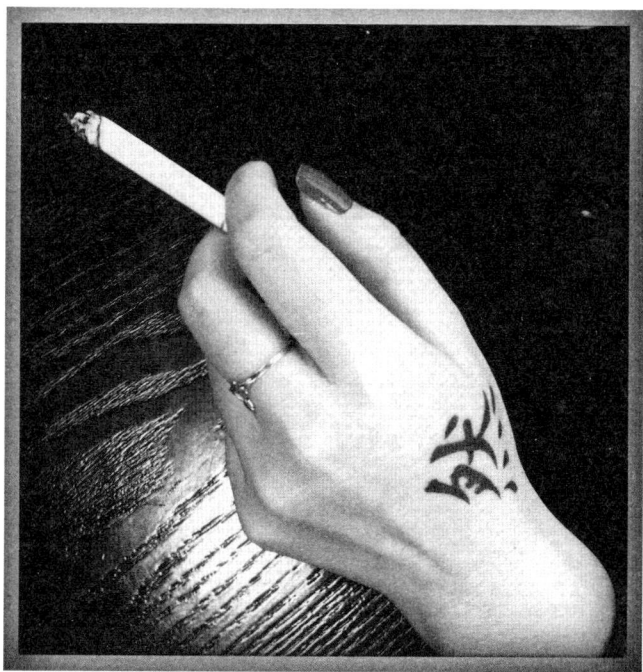

第五章

这世界唯一的你

——私文与情书／

别沪来京，倔强有天意
北京，百年修得同船渡
上海，春之祭
让我们彼此和解
我怀念和你走过的路

别沪来京，倔强有天意 /
2014 年 5 月 3 日

1.

其实我也不知道，为什么在我人生的关键时刻，有一些词和仪式，总是会重复地落进来。比如说——金马奖，在这个 2014 的马年，又一次成为关键词。——当然，你也可以嘲笑我的自作多情。

第一次看金马奖，还是刚到北京的时候，那时候，我还在爱情里，或者说，在自以为是的爱情里。我和当时的他一起窝在沙发上看金马奖的电视直播。最后颁奖的"最佳影片"有一个动人的名字：当爱来的时候。我想起那时为这部电影写的文案，末句是："面对爱的时候，你选择离爱有多近。"

身边的他问我说：你感冒了，去睡觉好不好？我摇头说：不，我想看。他于是默默地坐下来。我没有再解释，他也没有再追问。我模糊地看着无数熟悉的镜头掠过眼前，隔着电视屏幕那么遥远的距离，却清晰地看到之前的那个他起身，戴着眼镜，斯文和疲惫……认识他的时候我还在上海，然后我们先后去了北京，再然后，我几乎再也没有在北京见到过他——直到去京两年、返沪一年，又命中注定般重返京城的 2014。三年了。

时光如水流泻，他和他，曾经我认识和我以为我认识的他们，都不在了。

一开始都是痛彻心肺，再然后都是习以为常。

我们能选择的不过是开头，不是结局。可是不开始、不尝试、不冒险——谁也不知道后来会怎么样——不倔强地坚持，就更得不到答案。

2.

这个离开上海前的周四，我和一群朋友去唱歌。在上海，这座我长大的城市，用时间证明了真心的人当然比北京多。我承认，在人际交往上，我不算是个主动的人，但我有我的判断，而且我会用我的方式让对方知道——有的时候，时间会抖落真相；有的时候，时间与情深无关。

时间是个隐君子。当时间埋伏得够久，所有人都会成为"故人"，不过意义不同：一些成为死去的人，心中火化挫骨扬灰在所不惜；一些成为匆匆过客，只活在过去音容笑貌都记不齐整；只有很少一部分能成为永恒——他们知晓我的过去，活入我的未来，对我足够情真，自己也足够好——我早就说过了，一个人活着，最好想想怎样对他人有点儿用，而不是想着整天用别人来满足一己私欲。

大抵，这就是我离开某人或某处的唯一及所有终极原因。其他的，我不想也无意再说更多了。第一次唱了今年大火的《董小姐》。更火的大约是那句"爱上一匹野马 可我的家里没有草原"，其实——马框不住，是怪不得马野的，马能够撒野的程度取决于草原有多大——这才是真理，真理都是太阳，难免刺目，让人无法直视。

人人都觉我是野马，但我最喜欢的《董小姐》中的歌词不是以上那句，而是我至今的微信朋友圈的签名：所以那些可能都会是真的。

　　如果人生有什么值得永远倔强的事，那也许是每天坚持冒险去寻找人生更好的可能。

　　3.
　　他们都说，离开上海去北京的人是倔强的——离不开偌大北京、逃离后又重返的非典型上海小姐，其倔强程度更是超越想象。

　　那一日在上海，我，一个人，一边重新打点下周离沪返京的包裹，一边不时翻看手机里关于金马奖的朋友圈直播——直到看到章子怡获金马奖"最佳女主角"，这个我在 2013 年跨刊《时尚先生 Esquire》、《世界时装之苑 ELLE》、《时尚芭莎 Harper's BAZAAR》写了她三次封面文字的女子，她从玉娇龙小姐出落成宫二先生，命运在她身上亭亭玉立又茬莘交错，跌到过谷底，最终走到赢面。金马之后，她又相继问鼎金鼎奖、亚太电影大奖、亚太影展大奖等十项大奖；金马之后，加上此前的金鸡、金像，她是华语三大奖有史以来最年轻的大满贯——而且，她依然很年轻，年轻到有资格对爱情肆意妄为，谈笑风生。这种人生，就是他人再不看好也无用。

2014年4月23日晚的"怡念之间"章子怡亲友答谢会，以十个影后奖杯为背景，她当着一众人的面出乎意料地捧起我的脸——那一刻的感觉就像是被爱人珍惜地捧起脸——我一直希望自己有被一个男人在爱情中如此珍惜的一刻，28年从未得到，却在此刻从她这里得到——这种感觉绝非单一的"幸福"可以言表。事实上，害羞如我也没有告诉她，那天私宴满场我最感动的一刻是看她搂着一左一右的爸妈，欢呼着合影。更重要的是，那一刻，我好像想通了很多事情：相比是否能够得到希冀中的爱情，我更希望的是自己在不久的将来，也像子怡那样有让爸妈、亲友如此骄傲的一刻。

你当然可以把能否得到这一切、这一刻，归功于命运。但所谓命运这件事，不过是命中给了你一个个机会，看你有没有运气和定力一个个拿下来——章子怡的人生，就基于这样一条大多数人不敢正视的定理上。

这一切，只有因为"倔强"得来的"天意"能够解释。

辞职之后、离沪之前，我去了美国休假。这个我2002、2012十年间去过两次纽约，说改变我的人生不为过的地方，今年我去了两次，前一次是因为重返Zippo，后一次终于抵达了西海岸。海风飞扬，满目碎金，巨大的圣诞树已经参天而起，周围都是熙攘欢快、肤色健康的人群。每一次在美国，几乎都是我人生最举棋不定的时候，在那一刻我再一次下定了决心——是，我不知道爱情会不会真的好起来，好到如我所愿：牵他的手，有一条狗，四季如春，衣新人故——但，外面的世界可以让人生很精彩，再糟糕的惊喜也好过对自己的失望。

万般否认或粉饰都无用——人生如战场——非坚即媚，非赢即败，非此即彼。选择柔媚相对世界的人，不过是将柔媚作为更适合自己的利器。女人从坚硬到柔媚的转变往往不被人冠"虚伪"之名反而为人所称道，逆者则不为人所称许。但，我一直觉得，若有足够的信心相信无论是怎样的真实自己，都能够给爱自己且自己也爱之人一个温柔场，那么面对余下世界的方式，当然可以自由选择而不必屈服于芸芸众生版本的教条。所以我，我不想改变，更何况中国人所谓"倔强强悍"，在世界范围内更可能是"勇敢可爱"。我相信，对于我爱与爱我之人，我是一个可爱的人。

人生对有情的人来说，就是一场又一场再见。不爱了的人，我们也无须再见。

我，真诚地，爱过——除非把爱定义成一味言听计从故步自封唇亡齿寒背信弃义——那些说我不曾爱过的人，我爱和爱我的人自会证明爱的远大前程。

这就是为什么，我依然要在此离沪返京之际，奉上我的致意。所谓致意，没有爱意，也没有恨意。我只是开始学会对这个世界业已生成的一切表达敬意。

没有人活得容易和获得轻易，但若你觉得人生不容易，也许是因为天意，也许是因为还不够倔强、坚持和努力。

谢谢你们，爱过我和我爱过的每一个人。

我要飞奔上路了。还倔强地爱着我的，请跟上来。

北京，百年修得同船渡／
2010 年 11 月 3 日

1.

我一直想说说，在北京，那些陌生人和他们教我的事。

那个从火车站出来载我的出租车司机是个和我一般大、同星座的摇滚青年，虽然他看起来和他的音乐品味足以充当一个 70 后。我们的谈话开始于，不知道为什么从电台里传出的一阵歌声，张楚的《孤独的人是可耻的》。他说他是住在郊县的北京人，至今还会去仓库里和几个哥们一起组乐队排练。他觉得我看起来像是台湾人。他诚恳地说他只和漂亮的人聊天。而我几乎一夜未眠，苍白着一张痛经的脸，拖着大箱子，喝过热奶茶，没有刷过牙。

那个摄影师的小助理，在电梯口看着去楼下喝咖啡了的摄影师的全套设备。他说他是画油画的，以前在南京，现在却来了北京。他说他想换工作，还是想去 798 的画廊，尽管不景气。

楼下的钟点工边奋力搓衣服边说：我以前也觉着，认命了大概就幸福了。但现在觉得，人还是应该去争取自己想要的东西，命运是可以改变的。她东

北籍，在北京至今住地下室，看易经，临走拿走了前任房客的电热水壶。

前任房客是个香港雕塑兼摄影师。他在重度蒙尘的房间里遗留下众多作品，包括：镂空的木球，可活动手脚的攀爬在电线上的木猫，坐在暖气片上的一对埃及人，以及一些诡异的红红绿绿的画。其小女友在门口的全身镜上写：Welcome back！原来人生是一条双行道。

那个每天在建外 Soho 外拦住我执著要给我看相的始终未成的女人。

那个拥挤的地铁里隔着人潮汹涌用一种厚颜无耻的目光打量我的男人。

那句话说：百年修得同船渡。

去体检，在国贸站旁边的中服大厦楼上，呈圆形的体检处有很多明媚可人的小护士。接待厅贴了个标语：靠自己，你能活得久一点。真幽默。

2.

体检完赶回公司，驱车去上地拍 L 先生的片儿。上地是个遥远到让人想呼唤上帝的地方……想起一北京出租车司机说的：北京就没有规划。

大队人马，摄影师，服装总监，专题总监，主编，除了我，一车的男人，又都是或多或少带着一些不羁气质的瘦高型，一出动就跟黑帮似的。男人们在车上的话题是：高尔夫、桌球、车、摄影。喜欢古董车如甲壳虫的服装总监说：我什么都喜欢老的。一车男人嗤笑着接话：除了姑娘。

在时间有限的情况下，时尚杂志的文字基本得为片子让路。在全玻璃的天台上拍照，正巧一众前来参观以励志的大学生经过，顿时如动物园一般隔着玻璃闪光灯连绵起伏，查手机，微博上立马见照与评论……这个信息时代。

而我在天台上被吹得簌簌发抖，结果披了L换造型不再需要的Fendi褐色呢外套一件。早在Milk实习的时候我便知道了，名牌衣服在此时是最无名牌待遇的。褶皱，烟灰，气味……一切皆有可能。所以对名牌的态度，或会日觉空虚，或会习以为常。

出门，去撕贴在包上的身份标识贴纸，却怎么也揭不干净，场面十分支离破碎。走在我一边的专题总监说：唉，看看做你的朋友得多倒霉啊。我粲然一笑说：所以还是做我的情人吧。他还不知道，对于制造香艳的对话，我天赋异禀。

3.

回程，和摄影师及其助手一辆出租车，和广东籍、原做设计的黑框眼镜摄影师在四环上征得司机的同意后开窗抽烟，看手指间烟灰随风向后四散，相当幻灭，然后沉沉入睡……直到在时尚大厦的底楼终于喝上一大杯热气腾腾的拿铁才觉血液重新循环沸腾起来。

踟蹰了一会儿，决定晚上去世贸天阶四楼的徐凯造型做头发。

烫头发，时间冗长，相当不耐烦。

惊鸿一瞥，在一旁做造型刮胡子的居然是《天国的嫁衣》中的立威廉。真是一个棱角分明的男人，虽然比屏幕上看上去清瘦。

妈妈发来的一周星座上说：爱情是我心深处。

上海，春之祭／
2012年1月28日

1.

人们喜爱的场所，代表了心中隐秘的欲望，并且往往与通常的印象相悖。

他喜欢飞机——不是喜欢凌空飞越的自由感，而是那个密闭的空间将生活简化到极致，只余留吃饭、睡觉和看着屏幕，自己几乎无需起身，生活别无选择也无从比较——换言之，他是个对需要自我奋斗与努力的现世心中充满恐惧的人。飞机狭窄的机舱是他逃避的场所。

她喜欢超市——不是喜欢充满烟火气息的家常感，而是进口超市里那些琳琅满目的产品让人对单调乏味的生活心生希望与妄念，它们看似寻常，却以精美的包装、异国的风情、稍高但仍可接受的价格微妙地将寻常百姓与自身所代表的阶级区分开来——换言之，她热爱每一个能将自己区别于普罗大众的机会。她厌恶眼下与他人千篇一律的日常生活。

我喜欢咖啡馆——不是喜欢端着咖啡坐在其中的惬意感，而是喜欢看看其中逗留的人，他们在咖啡馆的外在表现正是我喜欢的人群类型——他们面无表情又眼波流转，前一秒还陌生下一秒即可自然搭讪，他们捧着书、电脑、咖啡，发呆或进行看似高雅的交谈，他们带着中产阶层特有的懒散与闲适，堕落与颓唐，经济越萧条的地方，才会涌现越多的咖啡馆——换言之，我希望眼下这个庸碌、浮躁、快节奏的巅峰时代快点过去。当一切进入到优雅的衰败，我们才能重拾最美好的黄金年代。

2.

上海是个伤心咖啡馆遍布的地方。它们是我与大部分男人初约会时的不二场所。在那里总有那么一刻，我觉得我是喜欢他的。直到当他慢慢地将我逼至墙角，将他的嘴唇覆盖上我的，那一刻，熟悉的，眩晕的，热烈的。所有旋转舞动的空气分子在我们之间跌宕破碎，无处容身。

我站在屋顶花园的栏杆旁俯瞰久违的上海。比记忆中更为冰冷的风从耳边呼啸而过，我在上海的冬天从没有比现在这样穿得更少，而我比任何时候都不在乎自己是否身处一个怀抱。

有人问我：这一年，你在北京做了什么？

我几乎是不假思索地说：没做什么。想了想又告诉他：这一年，我或许唯一做了的是——把爱情变成了我的世界中不是头等重要的事情。

上海上空特有的鸽子像罗德·拉沃尔球场上方的海鸥那样盘旋在瓦檐之上，远望仿佛正发出嘶哑的鸣喊。他一览无余地看着我，然后他知道，我说的是真的。因为我从未如此镇定，因为我从未如此厌烦——我倦怠了当我们在谈论爱情的时候，我们其实什么也没有谈。

3.
一个人在北京的晚上，我很少混夜场，几乎不喝酒，从来没有在十二点以前上过床。

　　我坐在客厅里看电视，在那些重播的海岩剧之外，我看得最多的是网球。在一盘的间隙才穿过整个房间去饮水机取水，而空洞的冰箱让我在饿的时候只能抽一两根中南海。就是在这样的夜晚，夜复一夜，我成了一个不折不扣的网球观摩爱好者。

　　网球代替爱情，成为我超越现实生活迷恋的另一个世界。网球场的美好，公正，爆发力……就像最初的爱情带给我的延续多年的感觉，让我乐此不疲。

　　回到上海的春节，我做得最多的事情，依然是窝在原本用来看电影的影音室的沙发椅里看网球。我最终发现，我迷恋它，正是因为网球场符合我想象中爱情决斗场的样子。在这场决斗中，站在此彼两端的人，可以用极端的合理性，清晰地击打出绝对的正确性。这是复杂的爱情所无法达到的事情。

　　而我，我热爱的始终是复杂中的清澈，正如我总是希望看到无可挑剔的手感让飞速旋转的球呈现出的冰冷的天才感。这是决斗中我唯一喜欢与习惯的方式。我不喜欢看到任何混乱的冲撞与多余的动作，在我看来，那都是难看的赢法，但其实可爱的坏脾气的光头阿加西说过：我职业生涯中学会的最重要的事，就是难看地赢。

不过网球目前为止教会我的还有另一件重要的事：闲杂人等均可以被排除在外，孤独是一个人承受的孤独，荣辱是一个人承受的荣辱。这是网球场，这也是人生。

至于爱情——爱情是一场错落。

一些人和事在我的心中已死。

这个世界上有很多种爱情，而我只想去往我想去的那个世界。

让我们彼此和解 /
2010 年 8 月 23 日

1.

其实我一直都不知道，时尚是一个什么样的东西。

它太具体了，具体到人人都在把虚荣交于天真，它又太虚幻了，虚幻到没有人可以预测和说明其中的真理。

我觉得我只是以媒体的第三方身份，一直看着它而已，和深夜开冰箱无异。

深夜的冰箱打开来，是一块方方正正的光，看起来很像一个模糊的神谕。

大学时候的很多个深夜，我喜欢在这里喝水，吃苹果，啃面包，抽烟，看窗外的树影发呆，看天慢慢地亮起来，然后才和世界说晚安。那种孤单和倔强。

现在，在工作了几乎整两年之后，我开始在深夜的厨房和异地的他约打电话。我依然痛恨自己的声音，所以我尽量避免甜言蜜语的机会，而只在话别的时候于心里默言：亲爱的，我是你的约瑟芬。

2.

看碟和写博一样，都不曾间断，只是不及以前频密。

事实上，我刚看完一部名为《高潮日记》的法国片，看得我十分饥饿，同时让我想起了那部不算好评的台湾片《爱的发声练习》。表面上看，都是讲单身女子如何在对性的探索中寻求自我的故事，但似乎又不太一样：《高潮日记》更偏重与自我的和解，女主角的不同与不安，来源于她使用了异于常人并直抵人心的方式"性"来探寻真正自我的边界；而《爱的发声练习》我始终记得的台词是"让我们彼此相爱，好好相处，而不是彼此憎恨，留下伤痕"，所以才会呈现拥有复杂关系（前情人、同性恋、双性恋、姐妹恋）的一群人，最后为了大S饰演的小猫逃避张孝全饰演的已婚男举家搬迁的结局，这是一种与世界的和解，超越了单纯的自我。

但以上两种"和解"，都是我喜闻乐见的，它们经过探索，经过抵抗，带着用力过后的温暖体温，就像爱情一样。

幻觉可以消失，但勇气不可以。

3.

无意间撞上的 Levi Strauss & Co. 旗下新品牌 dENiZEN™单宁镇的这个真人秀项目，让我站在另一个角度审视了媒体，和业已长大的自己。

好吧，既然 dENiZEN 要求我写写"时尚"这件事——我觉得时尚不是什么高尚的事，换言之，紧追不舍或嗤之以鼻，都不能显示出一个人的品位高尚与否。它就是现代人趣味的一部分——你尽可以保持一个与之无关的人生——守旧，或者无趣，甚至无型。

时尚所能带来的是另一面：挖掘人的潜力，让你发现自己的另一个气场，乃至一种人生的新可能。这才是由外及内发生变化的理由，在我看来，这是时尚最有趣也最有意义的地方。

　　顺便一说，我越来越喜欢香奈儿了，倒不是随着年岁渐长对"优雅"升腾起景仰的缘故，而是她确实是一个头脑清醒到超越时代局限的女人："你可以穿不起香奈儿，你也可以没有多少衣服供选择，但永远别忘记一件最重要的衣服，这件衣服叫'自我'。"

　　因此，很妙地，在 T 台上我第一次清晰地认识到，"时尚"对我而言，和"爱情"一样，是一场探索"无边的自我"的旅程。

　　在这个过程里，遭遇烟波浩渺，遭遇唇亡齿寒，遭遇孤掌难鸣，遭遇光怪陆离，遭遇背信弃义，遭遇无疾而终，然后你就习惯了这些遭遇而把它们都当成奇遇——为了遇见一个更好的自己，必须与这个始终不够完美的世界和解——虽然和解和谄媚的界限，有时太过模糊。

但无论如何，每个人都可以找到自己出埃及的方式。

祝福你，也祝福我自己。

我怀念和你走过的路 /
2010 年 9 月 18 日

1.

在这个黄昏，我在洗手间细碎的阳光中打开关闭了大半天的手机，K 的消息猝不及防地映入眼帘：Dear，周末午后的台北，想到你。好吗？

谢谢你。让我知道不是只有我偶尔地放不下一些若有似无的东西。

我没有不好，但也没有很好。你的预言正在应验，正如我的诺言也会一一实现。

2.

地铁隧道像一个黑洞。你在想什么？他问我。

我知道的，不止一个男人告诉过我，我的脸上总是会有一种若有所思的神情，无时无刻，随时随地。现在，这种仿佛远大前程般的寂静，只是更为明显和常见。这是在壮丽的自然景象前人脸上通常浮现的表情，能与之比肩催生出同样表情的非自然场景，也就是命运而已。

简言之，和你不同，我是个非常不在乎所谓"前途"这种东西的人，或者说相比之下，我更喜欢"命运"。职场中人对我的诟病没有错：我是个非命运推动就不主动前行的人。但他们也忘记了，我不轻易拒绝任何命运的馈赠，相反，我会为一份不知为何的礼物全力以赴，哪怕它的标签并没有标注"幸福"。

从某种程度来说，我是个和王佳芝一样无畏和入戏的人。

"走吧。"她对她无力阻止自己爱上了的男人轻声但坚定地吐出这两个字。他飞快地逃亡后，她也踏上了自己的逃亡之路，虽然，显然，走不久。街道纵横，人群熙攘。茫然四顾中她拦下一辆人力车，车前方的风车旋转得耀眼。"小姐，回家啊？"拉车人问。其实是的，死亡何尝不是奔赴永恒的生命，为谁而死才是永生。

在命运扑面而来的时候，你所能做的，除了答一声温软的"欸"又能是什么呢？

所有的回家都应是回到本心。

3.
出地铁站，回家。

一根烟是一座桥的距离。

坐到人力车上后，我清楚地得到了四个字：秋风四起。

每年这个时候，我都会想起海子的诗：得不到你　但我同时又在秋天成亲　歌声四起。

好像已经很多年了。我习惯了等待，习惯了抑郁，习惯了呆在那个善解人意的角色里，也就失去了撒娇任性的权利。你真是自找。我也已经习惯了在这个时候，狠狠地在袅然升腾起的烟雾环绕里，给自己一个试图突围的微笑。

对不起，在你几乎彻底离开的日子里，我又开始抽烟了。上一次主动买上一整包marlboro lights，大约是四年以前了吧，那年的大学和那些人曾经让我对自己绝望至死。但幸好，我还曾经是一个十七岁的小姑娘，从男友的烟盒里拿出一支人生的第一次，羞涩而畅快地看着呼出的白雾那么快，那么快地融化在夜色的深蓝里。从那以后我已然知道，人生的很多第一次过去得都是很快的，快得就像那些经过你的人。抽烟对我是一件无师自通的事情，我现在知道并且不以为耻：不是为了证明我与一般人有什么不同，恰恰相反，这一不由自主的需求证明了我是一个凡人，在命运的重大转折前还是需要点外物和仪式来镇定神经，放慢呼吸。

　　命运。命运总是如同烟的白雾将我全盘包围。我后来在很多场合抽过烟。大学的窗台，秀场的门口，如今我站在自家的街口。九球俱乐部，联华超市，克莉斯汀面包房，修车摊紧闭的银色大门前，对面理发店的打工小弟们蹲成一排——还是在抽烟。我对着他们微笑了一下，我忘不了，其中为我洗过头的若干个曾经因为我左耳连成一排的耳洞和文身贴而将我认作他们的同类，邀约我加入他们苍茫夜色中的狩猎活动。在我身后，出租车灯连在一起，仿佛一片真正的红灯区。我想起，成人那年，那篇几乎要改变命运的文章题目是：幸福号公车。而今在红绿灯下抽起一根烟，我发现我的问题并无二致：那些夜的公车，是否通往幸福？

那个写了《十八岁出门远行》的男人说：世界上没有一条道路是重复的，也没有一个人生是可能替代的……我们的人生由单数变成了复数，我们感到自己的生活得到了补充，我们的想象在逐渐膨胀……这些和自己毫无关系的故事会不断唤醒自己的记忆，让那些早已遗忘的往事和体验重新回到自己的身边，并且焕然一新。

幸好还有写作。只要我还能写作，还爱着人，就可以在未可知的命运里诚实地记录下自己的另一条人生之路。

上一周，一整周，我带着离别的心情在上海一遍遍走夜路。我发现我依然会迷路，很多地方都是陌生的，那么陌生。

就像某年某月某一天那个他的笑脸一样。那一年，他高考失利被关禁闭，我偷偷地去看他。我永远也忘不了他从阁楼上探出头的样子。底下污水四溢的街道把他的眉眼清澈和一头黄发衬托得如此骄傲和桀骜。上海的老城区至今有许多这样的老街，不知所云的吆喝与汽车喇叭的轰鸣是巨大的背景音，强大到仿佛要把其中的每个人都变成臣民，臣服在一代又一代的命运之下：读书认字，结婚生子，在微凉的夏末任秋风抚过睡衣的裙摆或裤管或裸露在外的肌肤，点燃一根烟满足或无奈地呼出一口气，永远都不知道，这是否证明了"活着"这件事——这正是我和他在那一个楼上楼下的对望中达成的共同命题。从那一刻起，他真正成为了一个男人，因为他的眼神多出了背水一战的坚硬和淡然，而我开始变成一个女人，试图把应对世界的方式从孩子气蜕变为包容与温暖。但那时候我还不知道，我对这个对望中微微一笑的记忆会从一字打头的年纪延伸至今。在我孤独的时候，在我耻辱的时候，在我快要撑不下去和忍受不了的时候，他的笑容就像一簇在黑暗中蹿起的火苗，重新嫁接起燎原的气力。尽管后来，无数次，我们用尽了全力去沉默，我们渐行渐远失去了彼此，所有没有回音的回声都在提醒着无可规避的卑微，无论男女。

这个城市给我的烙印远远超越想象。

我才意识到我爱着你们。但我们还是要行走着别离。人生总是这样。

你们就和我一样。没有多少人知道那些瞬间的残酷迷离嫣然一笑风声四起是怎样堆砌起来的，只有我自己知道是谁通过我的眼睛经过我的肠胃真正抵达、掠夺和撕扯、成就过我的心。

你快点回来吧，或者让我跟你走。真相或许让人自由，但重新点燃一支烟的此刻，我清楚地意识到：

我怀念和你走过的路。

Zippo 寄语
Everyday Adventures
燃情时刻 挑战冒险的每一天 /

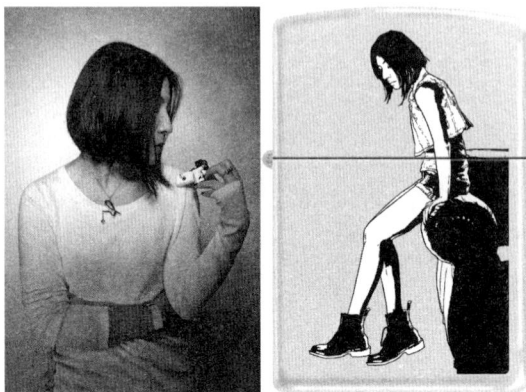

图中白色打火机为 Zippo 独家特别定制版工艺

丁天，充满才气，率真，勇敢的女孩。读者可以随着她的新书《天意眷顾倔强的你》里美丽的文字，共同开启自我探索的旅程，发现作者的性格特点。而作为世界知名防风打火机的品牌代表，我很荣幸 Zippo 可以成为作者无畏探索的伴侣，陪着她不断突破自我，勇敢前行。丁天向上的激情，与 Zippo 的品牌精神不谋而合。

Zippo 品牌历史也是一段旅程，从品牌创始人乔治·布雷斯代先生 1932 年把第一只 Zippo 打火机打造成型，到打火机正式在美国宾夕法尼亚州的布拉德福德镇投入生产，直至今日成为全球首屈一指的美国生活方式品牌，用八十余年的历史诉说着经典传奇。自 2011 年开始，Zippo 从经典防风打火机品牌向生活方式品牌转型，将户外生活的探索精神延伸至全世界，与众多品牌爱好者持续冒险，挑战每一天的燃情时刻。

丁天这位才华横溢的作家，她同时热爱音乐、电影、艺术。同样致力于文化产业的 Zippo 品牌，自上世纪六十年代起，就开始为摇滚音乐及文化等相关领域人物打造专属的定制款打火机。近年，Zippo 深度投入中国摇滚乐市场，为许多新生代乐队定制专属打火机，以此表彰这些年轻人的不断自我突破与挑战精神，为中国摇滚业呐喊助威。在此新书出版之际，我们共同见证作者丁天的坚毅，特别定制新锐作家丁天《天意眷顾倔强的你》限量版 Zippo 防风打火机，希望成为读者独一无二的珍藏。也期待今后通过这样的平台可以让更多追逐梦想的杰出人才实现拥有一款自己专属 Zippo 商品的心愿。

"没有人活得容易和获得轻易，但若你觉得人生不容易，也许是因为天意，也许是因为还不够倔强、坚持和努力。"这段坚持的信念代表丁天一路走来的心得，也期许这份倔强让她持续用一如既往的率真、随性的生活态度，成功地应对每天的新冒险。

Zippo 全球市场总监 David Warfel

2014 年 5 月

特别鸣谢

—— 感谢所有为本书出版支持、帮助过我的人

以下排名均不分先后及不重复出现

特别鸣谢
章子怡、苏芒

封面摄影鸣谢
张亚东

肖像摄影鸣谢
葛维奇

书法鸣谢
丁申阳

书中主要插图鸣谢
编号 223

文字序鸣谢
李孟夏、丁丁张、尹珊珊

图文序鸣谢
张一白、陈文令、马良

推荐语鸣谢
段奕宏、侯小强、秋微

曾任职与作品发表的媒体主编鸣谢
沙小荔、郝宁、徐宁、于戈、李翔、王锋、蔡崇达、晓雪、李宝剑、王宏、杨福等

受访对象鸣谢

李宇春、翟永明、滕华涛、江南、林怀民、乌尔善、郭敬明、周杰伦、林奕华、田明等

部分人像摄影鸣谢

邓熙勋、邵迪、Gray、力午、Wenjie Yang、爱礼丝、李潇、吕海强、庄严、袁顺华、陈升鹏、Haren Wan、Chris Ren 等

其他插图与明信片供图鸣谢

吴羽斯、韩美钞、Nono、Mojo 等

打火机插画鸣谢

毕胜

团队与协助鸣谢

吴国瑛、孟辰、张北宜、郑子宜、吴默韬、孙西、严艺家、段书凝、包翔宇、沈小薇、奕雯、窦凯、任轩冬（胜利联盟）、佟祉萱（Swear）、智华（G+）、Christina（MOËT）、张玫（碧山 Wildchina）等

达睿思团队（Vivian Liu、 Santana Wulsin、 Rebecca Chiou、 Patty Yang、 张浩、 邱凯迪等）

赞助鸣谢

Zippo

酩悦香槟 MOET & CHANDON